精准扶贫政策解读

JINGZHUN FUPIN ZHENGCE JIEDU

高健龙　　高建伟　编著

中国农业出版社
北京

FOREWORD 前言

消除贫困、改善民生、实现共同富裕，是社会主义的本质要求，是体现中国特色社会主义制度优越性的重要标志。党的十八大以来，以习近平同志为核心的党中央，超强部署，快速推进，在全国全面打响了脱贫攻坚战，取得了显著的阶段性成果；党的十九大报告提出，坚决打赢脱贫攻坚战，确保到2020年我国现行标准下农村贫困人口实现脱贫，贫困县全部摘帽，解决区域性整体贫困，做到脱真贫、真脱贫。当前，随着全面建成小康社会奋斗目标的不断临近，脱贫攻坚已进入最后冲刺阶段，也是"最艰难阶段"，剩下的都是"硬骨头"。攻坚克难，既需要中央加强统筹，精准施策，也需要充分发挥和调动广大贫困地区干部群众以及社会各界的积极性和主动性。

扶贫开发贵在精准，重在精准，成败之举在于精准。为了进一步贯彻落实党的十九大精神以及习近平总书记关于精准扶贫、精准脱贫工作的重要论述，为广大贫困地区的干部群众共同推进脱贫攻坚提供理论指导和实践借鉴，我们编写了《精准扶贫政策解读》《精准扶贫方法与路径》《精准扶贫案例解析》3本书，旨在通过此系列书目，及时把党和政府的扶贫开发政策、支持农业农村发展和农民增收的政策，通俗易懂地传递给广大贫困地区干部群众；把脱贫攻坚理论政策与实践探索过程中总结凝练的好思路、好方法、好经验、好模式，简洁明了地介绍给广大贫困地区干部群众；把脱贫攻坚实际工作中涌现出来的脱贫攻坚好事迹、好典型、好榜样以及一部分反面典型，生动形象地展示给广大贫困地区干部群众。进一步激发广大干部群众以及全社会参与脱贫攻坚的积极性，凝聚各方智慧和力量全力以赴，坚决打赢脱贫攻坚战，真正实现脱真贫、真脱贫，让全体贫困地区的人民群众同全国人民一道进入全面小康社会，实现我们党对全国人民、对全世界的庄严承诺。

著　者

2018 年 10 月

CONTENTS 目录

精准扶贫、精准脱贫与乡村振兴战略 / 20

贫困标准与脱贫攻坚 / 24

一 中央 1 号文件的解读：
乡村振兴战略

　　1949—1977 年，我国确定了从农业国转为工业国的发展思路。在当时我国城市工业发展还不充分的背景下，国家将乡村的重要作用定位于为工业提供原始积累，并确定了"以粮为纲"的发展目标。以 1978 年 12 月中共十一届三中全会为标志，乡村进入一个新的发展阶段。政策支持方面，从 1982 年到 1986 年，国家连续五年下发"三农" 1 号文件，支持农业农村发展；体制方面，乡村撤社建乡，实行行政村管理体制；经济方面则推行家庭联产承包责任制，从计划经济向市场经济过渡，促进了中国农村经济的繁荣。随着"三农"问题愈演愈烈，2002 年党的十六大报告正式提出"统筹城乡经济社会发展，建设现代农业，发展农村经济，增加农民收入，是全面建设小康社会的重大任务"，乡村的城乡统筹建设正式拉开帷幕。此后，从 2004 年开始，中央连续发布了 14 个以"三农"为主题的 1 号文件。乡村建设的重点开始向解决"三农"问题转变。

　　在农村老龄化日趋严重，农村劳动力、人才不断流失，乡村文化日渐衰落的背景下，2017 年 10 月，党的十九大报告中正式提出"乡村振兴战略"，强调"农业、农村、农民问题是关系国计民生的根本性问题，必须始终把解决好'三农'问题作为全党工作重中之重"。报告对乡村振兴战略提出了"产业兴旺、生态宜居、乡风文明、治理有效、生活富裕"的总要求，乡村

年份

2004	促进农民增加收入
2005	加强农村工作　提高农业综合生产能力
2006	推进社会主义新农村建设
2007	积极发展现代农业　扎实推进社会主义新农村建设
2008	切实加强农业基础建设　进一步促进农业发展农民增收
2009	促进农业稳定发展　农民持续增收
2010	加大统筹城乡发展力度　进一步夯实农业农村发展基础
2011	加快水利改革发展
2012	加快推进农业科技创新　持续增强农产品供给保障能力
2013	加快发展现代农业　进一步增强农村发展活力
2014	全面深化农村改革　加快推进农业现代化
2015	加大改革创新力度　加快农业现代化建设
2016	落实发展新理念　加快农业现代化实现全面小康目标
2017	推进农业供给侧结构性改革　加快培育农业农村发展新动能

建设的重点从以往的城镇化、城乡统筹发展转变为乡村发展内生动力的培育、乡村活力的恢复、城与乡的融合发展。

怎样才称得上"乡村振兴"

＊就是让农业成为有奔头的产业
＊就是让农民成为有吸引力的职业
＊就是让农村成为安居乐业的美好家园

（一）乡村发展的新态势和乡村振兴战略的提出

1. 我国乡村发展的新态势

第一，我国乡村已经具备了快速发展的基础与动力。2016 年第一产业增加值 63 671 亿元，是 2000 年的 4.3 倍，农村居民人均可支配收入 12 363 元，是 2000 年的 5.4 倍。另外，农村水、电、路、网等基础设施与农业科技装备不断完善，科技观念与科技水平不断提高。

第二，交通的快速发展以及互联网技术的变革，改变了城乡的空间距离、生产方式、流通方式以及增长动力。这两项技术的推进，明显缩短了资源与市场、资金、人才等资源聚集地之间的距离，为乡村实现"弯道超车"提供了可能。

第三，土地制度改革带来的破冰，促使城乡地位逐渐对等。长期以来，土地的不等价是城乡二元结构的顽疾。集体经营性建设用地入市、宅基地制度改革试点、三权分置等根本性改革的推进，将推动乡村进入一个新的发展阶段。

第四，逆城镇化现象的出现，为乡村带来新的发展机遇。随着大城市病的凸显，回归田园的热潮涌现，新乡村生活也将成为人人向往的品质生活方式。

2. 乡村振兴战略的提出

乡村振兴战略的提出，改变了以城市为主导，以乡村为附属的发展观念，它将从乡村自身探寻"三农"问题的解决之道。

2017 年 10 月 18 日，习近平同志在十九大报告中首次提出实现乡村振兴战略。十九大报告指出：要坚持农业农村优先发展，按照产业兴旺、生态宜居、乡风文明、治理有效、生活富裕的总要求，建立健全城乡融合发展体制机制和政策体系，加快推进农业农村现代化。2017 年 12 月 18 日至 20 日中央经济工作会议在北京举行，会议明确：要科学制定乡村振兴战略规划。健全城乡融合发展体制机制，清除阻碍要素下乡各种障碍。推进农业供给侧结构性改革，坚持质量兴农、绿色兴农，农业政策从增产导向转向提质导向。深化粮食收储制度改革，让收储价格更好反映市场供求，扩大轮作休耕制度试点等。中央经济工作会议一闭幕，所有媒体与国内外观察家都注意到一个关键词——"习近平新时代中国特色社会主义经济思想"。2017 年 12 月 28 日至 29 日中央农村工作会议在北京举行，会议深入贯彻党的十九大精神、习近平新时代中国特色社会主义思想，全面分析"三农"工作面临的形势和任务，研究实施乡村振兴战略的重要政策，部署 2018 年和今后一个时期的农业农村工作。

2018 年 2 月 4 日，改革开放以来第 20 个、新世纪以来第 15 个指导"三农"工作的中央 1 号文件——《中共中央、国务院关于实施乡村振兴战略的意见》由新华社受权发布，这也是党的十九大之后的首个 1 号文件。1 号文件顺应新时代发展形势和要求，立足国情农情，开启了新时代乡村振兴的新篇章。文件具有承前启后的里程碑意义，"体现了改革开放 40 年以来'三农'工作的继承和总结，更是开创新时代'三农'工作新局面的一个纲领性文件。"

3. 2018 年中央 1 号文件与往年相比有哪些新特点

一是管全面。乡村振兴是以农村经济发展为基础，包括农村文化、治理、民生、生态等在内的乡村发展水平的整体性提升，是乡村全面的振兴。以往的中央 1 号文件讲农业问题、讲农村经济发展讲得比较多，今年的文件按照党的十九大提出的关于乡村振兴的 20 个字 5 个方面的总要求，对统筹推进农村经济建设、政治建设、文化建设、社会建设、生态文明建设和党的建设，都作出了全面部署。

二是管长远。乡村振兴是党和国家的大战略，是一项长期的历史性任务。2018年中央1号文件按照党的十九大提出的决胜全面建成小康社会、分两个阶段实现第二个百年奋斗目标的战略安排，按照"远粗近细"的原则，对实施乡村振兴战略的三个阶段性目标任务作了部署。分别是，到2020年，乡村振兴取得重要进展，制度框架和政策体系基本形成；到2035年，乡村振兴取得决定性进展，农业农村现代化基本实现；到2050年，乡村全面振兴，农业强、农村美、农民富全面实现。

（二）新时代实施乡村振兴战略的重大意义

如今重提乡村振兴是对乡村地位和作用的肯定，也是用历史的眼光看待乡村的地位与作用，乡村振兴与复兴也体现了中国农村在实现中国梦伟大征程中历史与现实的统一。中国农村

◆ **新时代实施乡村振兴战略的重大意义**

党的十八大以来，在以习近平同志为核心的党中央坚强领导下，我们坚持把解决好"三农"问题作为全党工作的重中之重，持续加大强农惠农富农政策力度，扎实推进农业现代化和新农村建设，全面深化农村改革，农业农村发展取得了历史性成就，为党和国家事业全面开创新局面提供了重要支撑。

农业农村发展的重大成就	粮食生产能力跨上新台阶	农业供给侧结构性改革迈出新步伐
	农民收入持续增长	农村民生全面改善
	脱贫攻坚战取得决定性进展	农村生态文明建设显著加强
	农民获得感显著提升	农村社会稳定和谐

农业农村发展取得的重大成就和"三农"工作积累的丰富经验，为实施乡村振兴战略奠定了良好基础。

人口总量庞大的国情决定了，没有乡村振兴和现代化，就不会有国家的现代化。当前中国与发达国家最大的差距不在城市而是在乡村，乡村是发展中的最大短板。

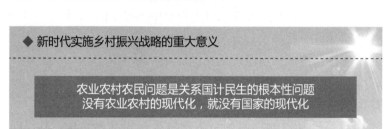

◆ 新时代实施乡村振兴战略的重大意义

农业农村农民问题是关系国计民生的根本性问题
没有农业农村的现代化，就没有国家的现代化

当前，我国发展不平衡不充分问题在乡村最为突出，主要表现在：
◆ 农产品阶段性供过于求和供给不足并存，农业供给质量亟待提高；
◆ 农民适应生产力发展和市场竞争的能力不足，新型职业农民队伍建设亟需加强；
◆ 农村基础设施和民生领域欠账较多，农村环境和生态问题比较突出，乡村发展整体水平亟待提升；
◆ 国家支农体系相对薄弱，农村金融改革任务繁重，城乡之间要素合理流动机制亟待健全；
◆ 农村基层党建存在薄弱环节，乡村治理体系和治理能力亟待强化。

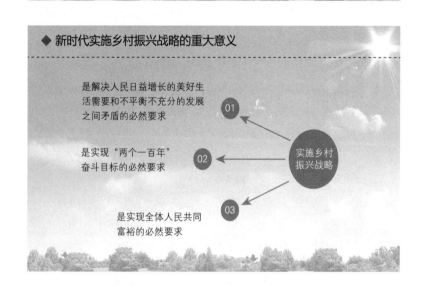

◆ 新时代实施乡村振兴战略的重大意义

01 是解决人民日益增长的美好生活需要和不平衡不充分的发展之间矛盾的必然要求

02 是实现"两个一百年"奋斗目标的必然要求

03 是实现全体人民共同富裕的必然要求

实施乡村振兴战略

◆ 新时代实施乡村振兴战略的重大意义

新时代实施乡村振兴战略的优势

有党的领导的政治优势	有社会主义的制度优势
有亿万农民的创造精神	有强大的经济实力支撑
有历史悠久的农耕文明	有旺盛的市场需求

立足国情农情，顺势而为，切实增强责任感、使命感、紧迫感，举全党全国全社会之力，以更大的决心、更明确的目标、更有力的举措，推动农业全面升级、农村全面进步、农民全面发展，谱写新时代乡村全面振兴新篇章。

（三）实施乡村振兴战略的总体要求

1. 指导思想

全面贯彻党的十九大精神，以习近平新时代中国特色社会主义思想为指导，加强党对"三农"工作的领导，坚持稳中求进工作总基调，牢固树立新发展理念，落实高质量发展的要求，紧紧围绕统筹推进"五位一体"总体布局和协调推进"四个全面"战略布局，坚持把解决好"三农"问题作为全党工作重中之重，坚持农业农村优先发展，按照产业兴旺、生态宜居、乡风文明、治理有效、生活富裕的总要求，建立健全城乡融合发展体制机制和政策体系，统筹推进农村经济建设、政治建设、文化建设、社会建设、生态文明建设和党的建设，加快推进乡村治理体系和治理能力现代化，加快推进农业农村现代化，走中国特色社会主义乡村振兴道路，让农业成为有奔头的产业，让农民成为有吸引力的职业，让农村成为安居乐业的美丽家园。

十六届五中全会公报提出一项重大历史任务——社会主义新农村建设，其方针是"**生产发展、生活宽裕、乡风文明、村容整洁、管理民主**"。

十九大报告提出，加快推进农业农村现代化。从过去的"**农业现代化**"到"**农业农村现代化**"，这是党对农业和农村定位的再思考，农业农村将迎来新的发展机遇。

十九大报告又用了 20 个字，提出了新的要求："**产业兴旺、生态宜居、乡风文明、治理有效、生活富裕**"。专家表示，从"生产发展"到"产业兴旺"，从"村容整洁"到"生态宜居"，从"生活宽裕"到"生活富裕"，从"管理民主"到"治理有效"，其中的变化，反映的是新的历史背景下农业农村发展到新阶段的必然要求。

2. 实施乡村振兴战略的目标任务

到 2020 年，乡村振兴取得重要进展，制度框架和政策体系基本形成；到 2035 年，乡村振兴取得决定性进展，农业农村现代化基本实现；到 2050 年，乡村全面振兴，农业强、农村美、农民富全面实现。

3. 基本原则

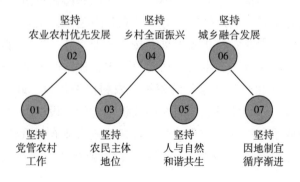

4. 逻辑关系

第一，产业兴旺是重点。产业发展是激发乡村活力的基础所在。乡村振兴，不仅要农业兴，更要百业旺。五谷丰登、六畜兴旺、三次产业深度融合，是乡村振兴的重要标志。

第二，生态宜居是关键。良好生态环境是农村最大优势和宝贵财富。美丽中国，要靠美丽乡村打底色。

第三，乡风文明是保障。伴随着城市化快速推进和城市文明的扩张，传统乡村文化被忽视、被破坏、被取代的情况相当严重，一些地方乡村传统生活形态、社会关系日趋淡泊，乡村文化日渐荒芜。振兴乡村，必须坚持物质文明和精神文明一起抓，既要"富口袋"，也要"富脑袋"。

第四，治理有效是基础。乡村治理是国家治理的基石，必须把夯实基层基础作为固本之策。

第五，生活富裕是根本。乡村振兴的出发点和落脚点，是为了让亿万农民生活得更美好。

（四）提升农业发展质量，培育乡村发展新动能

乡村振兴，产业兴旺是重点。必须坚持质量兴农、绿色兴农，以农业供给侧结构性改革为主线，加快构建现代农业产业体系、生产体系、经营体系，提高农业创新力、竞争力和全要素生产率，加快实现由农业大国向农业强国转变。

①	②	③	④
实施质量兴农战略	构建农村三次产业融合发展体系	构建农业对外开放新格局	促进小农户和现代农业发展有机衔接

（五）推进乡村绿色发展，打造人与自然和谐共生发展新格局

乡村振兴，生态宜居是关键。良好生态环境是农村最大优势和宝贵财富。必须尊重自然、顺应自然、保护自然，推动乡村自然资本加快增值，实现百姓富、生态美的统一。

① 统筹山水林田湖草系统治理　② 加强农村突出环境问题综合治理　③ 建立市场化多元化生态补偿机制　④ 增加农业生态产品和服务供给

（六）繁荣兴盛农村文化，焕发乡风文明新气象

乡村振兴，乡风文明是保障。必须坚持物质文明和精神文明一起抓，提升农民精神风貌，培育文明乡风、良好家风、淳朴民风，不断提高乡村社会文明程度。

① 加强农村思想道德建设　② 传承发展提升农村优秀传统文化　③ 加强农村公共文化建设　④ 开展移风易俗行动

（七）加强农村基层基础工作，构建乡村治理新体系

乡村振兴，治理有效是基础。必须把夯实基层基础作为固本之策，建立健全党委领导、政府负责、社会协同、公众参与、

法治保障的现代乡村社会治理体制，坚持自治、法治、德治相结合，确保乡村社会充满活力、和谐有序。

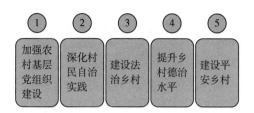

（八）提高农村民生保障水平，塑造美丽乡村风貌

乡村振兴，生活富裕是根本。要坚持人人尽责、人人享有，按照抓重点、补短板、强弱项的要求，围绕农民群众最关心、最直接、最现实的利益问题，一件事情接着一件事情办，一年接着一年干，把乡村建设成为幸福美丽新家园。

1. 优先发展农村教育事业。
2. 促进农村劳动力转移就业和农民增收。
3. 推动农村基础设施提档升级。
4. 加强农村社会保障体系建设。
5. 推进健康乡村建设。
6. 持续改善农村人居环境。

（九）打好精准脱贫攻坚战，增强贫困群众获得感

乡村振兴，摆脱贫困是前提。必须坚持精准扶贫、精准脱贫，把提高脱贫质量放在首位，既不降低扶贫标准，也不吊高胃口，采取更加有力的举措、更加集中的支持、更加精细的工

作，坚决打好精准脱贫这场对全面建成小康社会具有决定性意义的攻坚战。

中央1号文件把2018年作为脱贫攻坚作风建设年，集中力量解决突出作风问题。科学确定脱贫摘帽时间，对弄虚作假、搞数字脱贫的严肃查处。除党中央、国务院统一部署外，各部门一律不准再组织其他检查考评。

（十）推进体制机制创新，强化乡村振兴制度性供给

实施乡村振兴战略，必须把制度建设贯穿其中。要以完善产权制度和要素市场化配置为重点，激活主体、激活要素、激活市场，着力增强改革的系统性、整体性、协同性。

1. 中央1号文件为城里人去农村买房划红线

中央1号文件提出，适度放活宅基地和农民房屋使用权。文件同时指出，严格禁止下乡利用农村宅基地建设别墅大院和私人会馆。中央农办主任韩俊说，这不是让城里人到农村买房置地，而是要使农民的闲置住房成为发展乡村旅游、养老等产业的载体。

2. 中央 1 号文件为进城农民保留房和地开绿灯

中央 1 号文件明确提出，维护进城落户农民土地承包权、宅基地使用权、集体收益分配权。文件也提出，引导进城落户农民依法自愿有偿转让上述权益。"依法""自愿""有偿"是关键，对违背文件精神的无理要求，农民可以说"不"。

①巩固和完善农村基本经营制度	②深化农村土地制度改革
③深入推进农村集体产权制度改革	④完善农业支持保护制度

3. 身边的腐败也要管，中央 1 号文件为农村"小微权力"拉清单

中央 1 号文件确定，推行村级小微权力清单制度，加大基层小微权力腐败惩处力度。严厉整治惠农补贴、集体资产管理、土地征收等领域侵害农民利益的不正之风和腐败问题。农村稳则天下安，农业兴则基础牢，农民富则国家盛。如何实现乡村振兴战略？文件按照乡村振兴战略实施需要的人、地、钱三大要素，进行了全面部署。"左手抓'地'，右手抓'钱'，头顶一个'人'，是乡村振兴发展的'三字诀'，也是乡村不断发展壮大的关键。"

地：加快农村产权制度改革。

钱：推进"三农"金融服务。

人：人力资源是乡村振兴的核心和本源。

抓好"人、地、钱"三个要素是关键，但实施乡村振兴战略是一个系统工程，需要科学制定规划，全面推进各项振兴措施落地。

（十一）汇聚全社会力量，强化乡村振兴人才支持

实施乡村振兴战略，必须破解人才瓶颈制约。要把人力资本开发放在首要位置，畅通智力、技术、管理下乡通道，造就更多乡土人才，聚天下人才而用之。

新型职业农民，是指以农业为职业、具有一定的专业技能、收入主要来自农业的现代农业从业者，包括生产型职业农民、服务型职业农民、经营型职业农民三种。此前据媒体报道，近两年来，陕西已有266人获得"高级职业农民"称号；这次，浙江又有43位职业农民被上高级职称，表明农民不仅是个"新职业"，而且是个"好职称"。特别是，统计数据显示，目前我国已培育各类新型职业农民1 400万人，到2020年我国新型职业农民将达到2 000万人，新型职业农民将成为推进农业现代化的领头雁。

（十二）开拓投融资渠道，强化乡村振兴投入保障

实施乡村振兴战略，必须解决钱从哪里来的问题。要健全投入保障制度，创新投融资机制，加快形成财政优先保障、金

融重点倾斜、社会积极参与的多元投入格局，确保投入力度不断增强、总量不断增加。

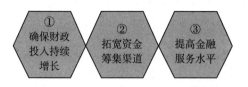

（十三）坚持和完善党对"三农"工作的领导

实施乡村振兴战略是党和国家的重大决策部署，各级党委和政府要提高对实施乡村振兴战略重大意义的认识，真正把实施乡村振兴战略摆在优先位置，把党管农村工作的要求落到实处。

1. 完善党的农村工作领导体制机制。
2. 研究制定中国共产党农村工作条例。
3. 加强"三农"工作队伍建设。
4. 强化乡村振兴规划引领。
5. 强化乡村振兴法治保障。
6. 营造乡村振兴良好氛围。

（十四）实施乡村振兴战略，要注意哪些问题？

实施乡村振兴战略涉及许多方面，是一个系统性工程，应重点注意两个问题。

1. 要坚持城乡融合发展，强化乡村振兴的制度性供给

长期以来，资金、土地、人才等各种要素单向由农村流入城市、造成农村严重"失血""贫血"。实施乡村振兴战略，必

须抓住"钱、地、人"等关键环节，破除一切不合时宜的体制机制障碍，推动城乡要素自由流动、平等交换，促进公共资源城乡均衡配置，建立健全城乡融合发展体制机制和政策体系，加快形成工农互促、城乡互补、全面融合、共同繁荣的新型工农城乡关系。

解决"钱"的问题，关键是健全投入保障制度，创新投融资机制，加快形成财政优先保障、金融重点倾斜、社会积极参与的多元投入格局；**解决"地"的问题**，关键是深化农村土地制度改革，建立健全土地要素城乡平等交换机制，加快释放农村土地制度改革红利；**解决"人"的问题**，关键是畅通智力、技术、管理下乡通道，创新乡村人才培育引进使用机制，大力培育新型职业农民，加强农村专业人才队伍建设，造就更多乡土人才，发挥科技人才支撑作用，鼓励社会各界投身乡村建设，聚天下人才而用之。

2. 要处理好两个重要关系

一是处理好实施乡村振兴战略与推进新型城镇化的关系。乡村振兴与推进城镇化不是非此即彼的关系，而是互促共进、相辅相成的关系。从总体上看，我国仍处在人口由乡村向城市集中的阶段，农村人口外流的趋势短期不可能逆转，但今后人口回归回流农村的现象将会大量出现。要坚持乡村振兴与新型城镇化一起抓，两个轮子一起转，要处理好"走出去""留下来"和"引回来"的关系，让进城的进得放心，留在乡村的留得安心；要创造条件让农村的产业留住人，让农村的环境留住人，让农村的机会吸引人，让农村更有人气。

二是处理好实施乡村振兴战略与打好精准脱贫攻坚战的关系。脱贫攻坚是决胜全面建成小康社会补短板、强弱项的重点任务，乡村振兴是决胜全面建成小康社会、全面建设社会主义现代化国家的重大历史任务，二者是内在统一的。乡村振兴，摆脱贫困是前提。打好脱贫攻坚战，本身就是实施乡村振兴战略的重要内容。就贫困地区而言，2020 年之前的乡村振兴，核心还是脱贫攻坚。实施乡村振兴战略，既有利于当前加快实现脱贫目标、巩固脱贫成果，也有利于为脱贫之后从根本上改变贫困地区面貌奠定基础。因此，要做好实施乡村振兴战略与打好精准脱贫攻坚战的有机衔接。

3. 中央 1 号文件为实施乡村振兴战略谋划了哪些重大举措

乡村振兴讲究的是实干。2018 年中央 1 号文件围绕实施好乡村振兴战略，谋划了一系列重大举措，确立起了乡村振兴战略的"四梁八柱"。

一是有国家战略规划引领。文件提出，制定《国家乡村振兴战略规划（2018—2022 年）》。《规划》通过与文件对表对标，分别明确至 2020 年全面建成小康社会和 2022 年召开党的二十大时的目标任务，细化、实化工作重点和政策措施，指导各地区各部门分类有序推进乡村振兴。

二是有党内法规保障。文件提出，根据坚持党对一切工作的领导的要求和新时代"三农"工作新形势、新任务、新要求，研究制定中国共产党农村工作条例，把党领导农村工作的传统、要求、政策等以党内法规形式确定下来，明确加强对农村工作领导的指导思想、原则要求、工作范围和对象、主要任务、机构职责、队伍建设等，完善领导体制和工作机制，确保乡村振兴战略有效实施。

三是有一系列重要战略、重大行动和重大工程支撑。重要战略方面，部署制定和实施国家质量兴农战略规划，建立健全质量兴农评价体系、政策体系、工作体系和考核体系，等等。

重大行动方面,部署实施农村人居环境整治三年行动、打好精准脱贫攻坚战三年行动、产业兴村强县行动等;部署的重大工程主要有:大规模推进农村土地整治和高标准农田建设、建设一批重大高效节水灌溉工程、发展现代农作物畜禽水产林木种业等近30项。

同时,文件对农民关心的关键小事,也做出了全面部署安排。比如,针对农村厕所这个影响农民生活品质的突出短板,部署推进农村"厕所革命";针对基层反映的上级考核检查名目多、负担重等问题,部署集中清理上级对村级组织的考核评价多、创建达标多、检查督查多等突出问题等。

四是有全方位的制度性供给作保障。文件围绕巩固和完善农村基本经营制度、深化农村土地制度改革、深入推进农村集体产权制度改革、完善农业支持保护制度、全面建立职业农民制度、建立市场化多元化生态补偿机制、自治法治德治相结合的乡村治理体系、乡村人才培育引进使用机制、鼓励引导工商资本参与乡村振兴等方面,部署了一系列重大改革举措和制度建设。

五是对解决"钱从哪里来的问题"有全面的谋划。文件对开拓投融资渠道、强化乡村振兴投入保障做出全面部署安排。比如,要求建立健全实施乡村振兴战略财政投入保障制度,公共财政更大力度向"三农"倾斜,确保财政投入与乡村振兴目标任务相适应;坚持农村金融改革发展的正确方向,健全适合农业农村特点的农村金融体系,推动农村金融机构回归本源,把更多金融资源配置到农村经济社会发展的重点领域和薄弱环节,更好满足乡村振兴多样化金融需求;等等。

文件为什么将坚持和完善党对"三农"工作的领导单独作为一个部分?实现乡村振兴,关键在党。加强党对农村工作的领导,是实施乡村振兴战略的根本保证。要发挥党的领导的政治优势，压实责任，完善机制，强化考核，把党中央关于乡村振兴的部署要求落实下去。关于完善党的农村工作领导体制机制，文件提出，健全党委统一领导、政府负责、党委农村工作部门统筹协调的农村工作领导体制。建立实施乡村振兴战略领导责任制，实行中央统筹、省负总责、市县抓落实的工作机制。党政一把手是第一责任人，五级书记抓乡村振兴。县委书记要下大力气抓好"三农"工作，当好乡村振兴的"一线"总指挥。要加强各级党委农村工作部门建设，充分发挥其在乡村振兴中决策参谋、调查研究、政策指导、推动落实、督导检查等方面的作用。要加强各部门的协同配合，形成乡村振兴工作合力。各省（自治区、直辖市）党委和政府每年要向党中央、国务院报告推进实施乡村振兴战略进展情况。建立市县党政领导班子和领导干部推进乡村振兴战略的实绩考核制度，将考核结果作为选拔任用领导干部的重要依据。

🔍 原文再现

　　"要充分挖掘农业内部增收潜力""继续加快发展农村二、三产业，拓宽农民外出务工经商的转移渠道""解决农民收入问题，既要鼓励农民走出去，又要引导农民留下来，还要支持出去的农民回乡创业"（2006 年 3 月 23 日习近平在省委建设社会主义新农村专题学习会上的讲话）。

二 精准扶贫、精准脱贫与乡村振兴战略

（一）精准扶贫的核心要义和内容体系

精准扶贫是新时期我国根据扶贫开发实践和贫困问题的总体特征，以实现全面建成小康社会为根本目标，逐步形成的精准扶贫政策框架（图1）。精准扶贫政策的核心要义在于"扶真贫、真扶贫"，改变过去大水漫灌粗放式扶贫方式，将扶贫政策和措施下沉到村到户，通过对贫困家庭和贫困人口的精准帮扶，从根本上解决导致贫困发生的各种因素和障碍，从而拔出"穷根"，实现真正意义上的脱贫致富。精准扶贫政策的内容体系包括精准识别、精准帮扶、精准管理和精准考核四项内容。精准识别是实施精准扶贫政策的基本前提，精准识别是指通过申请评议、公示公告、抽检核查、信息录入等步骤，将贫困户、贫困村有效地识别出来，并建立贫困户和贫困人口档案卡，摸清致贫原因和帮扶需求。精准帮扶是精准扶贫政策的核心，是在贫困户和贫困人口准确识别的基础上，根据贫困的成因采取针对性的措施进行有效帮扶，因贫施策、精准到户到人是精准帮扶的关键，重点通过发展生产脱贫一批、易地扶贫搬迁脱贫一批、生态补偿脱贫一批、发展教育脱贫一批、社会保障兜底一批。精准管理是实施精准扶贫政策的重要保障，精准管理的重点在于扶贫对象精准、项目安排精准、资金使用精准、措施到

户精准、因村派人精准、脱贫成效精准。精准考核是提升精准
扶贫工作成效的重要手段，是指针对贫困户和贫困村脱贫成效，
建立贫困人口脱贫退出和返贫再入机制，完善贫困县考核与退
出机制，加强对贫困县扶贫工作情况的量化考核，强化精准扶
贫政策实施的效果。适应我国贫困治理形势的变化，精准扶贫
政策实现了扶贫对象瞄准化、帮扶措施具体化、管理过程规范
化、考核目标去 GDP 化，是新时期我国扶贫开发政策的重大战
略转型。

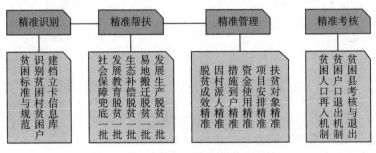

图 1　我国精准扶贫政策体系总体框架

（二）精准扶贫与精准脱贫的含义

精准扶贫是指，通过建档立卡精准识别贫困户，根据扶贫
对象特点分类实施物质、文化、教育、基本保障等多维度的、
有针对性的、精细化的可持续性扶贫帮困。精准扶贫关键在于
如何理解精准化思维，精准化理念是精准扶贫思想的核心要义。
习近平总书记在北京举行的 2015 减贫与发展高层论坛中对"精
准扶贫"的要求作了全面阐述，即"六个精准"：扶贫对象精
准、项目安排精准、资金使用精准、措施到户精准、因村派人
精准、脱贫成效精准。

精准扶贫的直接目标就是精准脱贫。所谓精准脱贫是指，

在精准扶贫政策下，通过"分批分类"的办法，对精确到户的贫困人口进行有针对性的"造血"或"输血"式帮扶，使之能够具备自我稳定的脱贫状态及能力。精准脱贫作为精准扶贫的目标，也是检验精准扶贫政策成效的重要指标。推进精准扶贫、精准脱贫的要求主要是通过"五个一批"的方式，使得大部分贫困人口具备持续创造收入的能力或者有效缓解贫困状态，从而可以自主脱贫、救助脱贫；才能有效降低贫困人口的贫困脆弱性，并且有效防止返贫现象的发生。这样扶贫实践有针对性地面向特定人口、目标人群，保证了脱贫的数量和质量。故而精准扶贫与精准脱贫是紧密相连、互不可分的关系。

（三）精准扶贫与精准脱贫的内在逻辑关系

在此轮农村扶贫攻坚克难的决战中，精准扶贫与精准脱贫是紧密联系的，前者是后者的根本前提和保障，后者是前者的直接体现和要求。从贫困、扶贫和脱贫的内在逻辑演化来看，精准扶贫与精准脱贫思维的基础工具为分类分批理念。分类分批理念的直接指向就是结合贫困者的具体情况和所处环境首先精准识别出扶贫对象，也就是解决扶持谁、谁来扶、怎么扶的问题；然后通过分类分批的"五个一批"方式做到真扶贫、扶真贫、真脱贫、防返贫，持续提高扶贫绩效，让贫困人口有更多获得感。

这是一个具有内在逻辑演化的扶贫—脱贫攻坚过程，其中"五个一批"的扶贫脱贫方式是其关键。"五个一批"的扶贫脱贫方式是按照贫困人口致贫根源进行分类，并从转型升级传统农业生产方式、改善贫困人口生活环境条件、增强贫困地区环境可持续发展能力、提高贫困人口的人力资本和社会资本、提供直接转移支付和补贴五个方面进行精准化扶贫的一种机制。

这种机制在农村扶贫实践中可以具体概括为，**通过扶持生产和就业发展一批，通过异地搬迁安置一批，通过生态保护脱贫一批，通过教育扶贫脱困一批，通过低保政策兜底一批。**可见，"五个一批"的分类分批理念，从治贫的靶心瞄准到脱贫的精准效果，其中隐含着精准扶贫与精准脱贫的内在逻辑链条。

🔍 **原文再现**

> 　　要坚持党中央确定的脱贫攻坚目标和扶贫标准，贯彻精准扶贫精准脱贫基本方略，既不急躁蛮干，也不消极拖延，既不降低标准，也不吊高胃口，确保焦点不散、靶心不变。要聚焦深度贫困地区和特殊贫困群体，确保不漏一村不落一人。要深化东西部扶贫协作和党政机关定点扶贫，调动社会各界参与脱贫攻坚积极性，实现政府、市场、社会互动和行业扶贫、专项扶贫、社会扶贫联动。（2018年6月习近平对脱贫攻坚工作作出重要指示）

三　贫困标准与脱贫攻坚

扶贫成就是我国在全球引以为傲的卓越贡献。党的十八届五中全会提出，到 2020 年我国"现行标准"下农村贫困人口实现脱贫，贫困县全部摘帽，解决区域性整体贫困。制定符合国情、参照国际、科学合理的扶贫标准，是打赢脱贫攻坚战的基础，是谋划未来的前提，值得深入。

（一）全球贫困标准不一，大多采用绝对贫困标准

"夫施与贫困者，此世之所谓仁义"，中国是倡言仁政之邦，反贫困是古今中外的治国大事。扶贫贵在知贫，精准贵在标准。放眼全球看贫困标准，对我国的精准扶贫有参考意义。

1. 国际贫困标准

世界银行发布的贫困线是公认的国际标准，分为绝对贫困线和一般贫困线，前者公布了 4 次，后者公布了 2 次（表1）。1990 年，世界银行根据 12 个最穷国的情况，采用购买力平价法，制定了绝对贫困线，即每人每天生活费 1.01 美元；1994 年、2008 年、2015 年分别调整为 1.08 美元、1.25 美元、1.9 美元。2008 年，根据 75 个发展中国家的贫困标准中位数，首次制定了 2 美元的一般贫困线，2015 年提高到 3.1 美元。

表1 世界银行的贫困标准

发布年份（基期）	绝对贫困标准		一般贫困标准	
	数值（美元/天/人）	测算方法	数值（美元/天/人）	测算方法
1990（1985）	1.01	12个最穷国的最高标准	—	—
1994（1993）	1.08	10个最穷国的平均标准	—	—
2008（2005）	1.25	15个最穷国的平均标准	2	发展中国家贫困标准中位数
2015（2011）	1.9	15个最穷国的平均标准	3.1	发展中国家贫困标准中位数

按照1.9美元的绝对贫困标准，世界贫困人口从1981年的20亿人减少到目前的9亿人左右，贫困率从44.3%降至12.7%；其中，高收入国家贫困率为零；中高收入国家贫困率从63%降至5.4%，中低收入国家贫困率从51.1%降至18.7%，低收入国家贫困率从70.3%降到47.2%；我国同期7.9亿人脱贫，对全球减贫的贡献率高达72%（图2）。

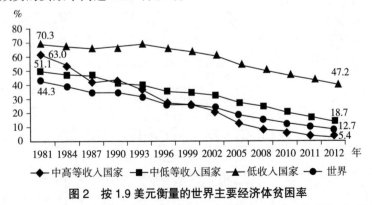

图2 按1.9美元衡量的世界主要经济体贫困率

资料来源：世界银行数据库。

如果按 3.1 美元标准衡量，则全球贫困人口数量更大，中国为 3.6 亿人，印度为 7.1 亿人。

2. 发达国家贫困标准

虽然高收入国家已无世界银行标准下的贫困人口，但各国立足国情，制定了自己的贫困标准。

（1）美国。有贫困线和贫困指导线两个标准。贫困线由人口普查局发布，依据家庭人数、18 岁以下成员数、家庭收入确定贫困线，共分九个层级（表 2）。按美国当前贫困标准，从 1 人到 9 人以上家庭，贫困线从 11 354 美元到 52 685 美元。例如，有两个孩子的四口之家，收入在 24 008 美元以下，则为贫困家庭。美国 2014 年贫困率为 14.8%，贫困人口达到历史最高点，为 4 666 万人。

表 2　2014 年美国贫困线　　　　　　单位：美元

家庭规模	18 岁以下儿童人数								
	没有	1 名	2 名	3 名	4 名	5 名	6 名	7 名	8 名及以上
一口之家 65 岁以下	12 316								
65 岁以上	11 354								
二口之家 户主 65 岁以下	15 853	16 317							
户主 65 岁以上	14 309	16 256							
三口之家	18 158	19 055	19 073						
四口之家	24 418	24 817	24 008	24 091					
五口之家	29 447	29 875	28 960	28 252	27 820				
六口之家	33 869	34 004	33 303	32 631	31 633	31 401			
七口之家	38 971	39 214	38 375	37 791	36 071	35 431	34 036		
八口之家	43 586	43 970	43 179	42 485	41 501	40 252	38 953	38 622	
九口及以上	52 430	52 685	51 984	51 396	50 430	49 101	47 899	47 601	45 768

资料来源：美国人口普查局。

贫困指导线是贫困线的简化版也是根据家庭人数制定，主要用于管理目的，决定是否给予联邦项目援助。2014 年，美国的补充营养计划，向收入低于贫困指导线 125% 的 6 300 多万人发放食物券。2016 年，贫困指导线为 1 人家庭 11 880 美元，8 人家庭 40 890 美元，8 人以上家庭每增加 1 人，提高 4 160 美元（图 3）。

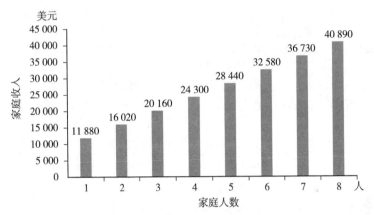

图 3　2016 年美国的贫困指导线

资料来源：美国卫生与公共服务部。

（2）欧盟。采用相对贫困指标，将全国居民家庭收入中位数的 60% 作为贫困线。欧盟内各国贫困线因发展水平高低而不同。如有两个孩子的四口之家，2014 年贫困线最高的是挪威，为 55 156 欧元，最低的是马其顿，为 2 456 欧元。

2014 年，按照欧盟各国标准，欧盟共有 8 536 万贫困人口，贫困率为 17.2%（图 4）。分国别看，东欧贫困较为严重，贫困率最高的是罗马尼亚和塞尔维亚，高达 25.4%；债务缠身的西班牙、希腊和意大利分别为 22.2%、22.1% 和 19.4%；西欧和北欧相对较低，冰岛为 7.9%，法国为 13.3%，英国为 16.8%，德国为 16.7%。

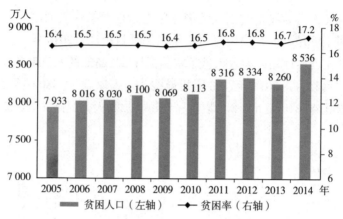

图4 欧盟贫困人口和贫困率

资料来源：欧盟统计局。

（3）**日本**。与欧盟类似，将全国居民家庭收入中位数的50%作为贫困线。2012年相对贫困线为家庭年收入130万日元左右（约6.2万元人民币），相对贫困率达16%以上，每6人当中就有1人处于相对贫困，创下30年来的最高纪录（图5）。

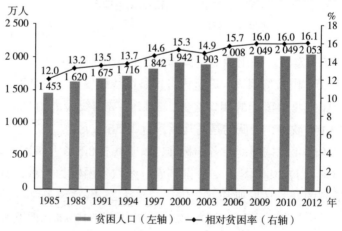

图5 日本贫困人口和相对贫困率

资料来源：日本厚生劳动省。

3. 发展中国家贫困线

发展中国家大多数采用绝对贫困指标，主要根据每天需摄入的热量，换算成食品及相对应的货币收入。如印度针对城市和农村制定了不同的贫困线，2012 的贫困线是，农村每人每天2 435 大卡[①]、27 卢比；城市 2 095 大卡、33 卢比，全国的贫困率为 22%（2.6 亿人）。巴西有两条贫困线：贫困线和绝对贫困线。前者按照最低工资的 1/2 来确定，后者是最低工资的 1/4。埃及根据家庭调查确定贫困线，低于全国人均支出的 1/3 为绝对贫困，低于 2/3 为相对贫困。由于 1.9 美元是按最穷 15 国的平均数计算的，所以绝大多数国家的贫困标准都明显高于国际标准，如南非、俄罗斯、巴西国内标准下的贫困率比国际标准下的贫困率分别高 30 个百分点、10 个百分点、4 个百分点，印度和我国则与国际标准接近。

比较世界各国的贫困标准（表 3、表 4）可以看出，第一，既有绝对贫困又有相对贫困。贫困分为绝对和相对，前者指难以维持基本生活，后者指无法过上大多数人的生活。绝对贫困可以消除，相对贫困长期存在。如美、欧、日等发达国家和地区已消除绝对贫困，但相对贫困率仍高达 15% 左右。第二，贫困标准是立足国情的。各国贫困标准的制定，综合考虑财力、收入水平、生存需要等因素，因国情不同而标准各异。穷国多以基本生存需要为线；而富国还要考虑过上"体面生活"。如欧盟将每隔一天才能吃到鱼、肉等，不能每年外出休假一周也视为贫困。同时，穷国对城乡、区域分设贫困标准，富国则多为统一标准。第三，贫困标准是动态调整的。各国贫困标准随着经济社会发展不断变化，考虑因素越来越多。多数国家定期调

---

① 1 卡 =4.18 焦耳。

查，适时调整贫困标准。贫困测度从单维转向多维，开始以食品需要为主，后来增加了住房、教育和交通等需求，现在一些非收入和消费支出也被纳入其中。如巴西的"家庭补助金"计划，包括了学校补助、食品补助、燃气扶助和食品券等。欧盟将社会排斥纳入贫困统计，将实际贫困率提高了7个百分点（提高到24%）。

表3 按国际标准衡量的金砖国家贫困率 单位：%

指标	年份 国家	1993	1999	2002	2009	2010	2011
1.9美元标准	巴西	19.9	13.4	12.3	6.3		5.5
	俄罗斯	2.4	3.4	0.7	0.1	0.2	0.1
	印度	41.1	—	—	—	—	21.3
	南非	31.9	—	—	15.1		16.6
	中国	57.0	40.5	32.0	14.7	11.2	7.9
3.1美元标准	巴西	34.8	25.6	24.5	14.2	—	11.4
	俄罗斯	10.0	12.4	4.3	0.4	0.9	0.6
	印度	79.7	—	—	—	—	58.3
	南非	49.2	—	—	33.3		34.7
	中国	82.3	67.2	56.4	33.0	27.2	22.2

资料来源：世界银行。

表4 按国际贫困线衡量的主要国家贫困率 单位：%

年份 国家	2006	2009	2010	2011	2012	2013	2014
美国	12.3	14.3	15.1	15.0	15.0	14.5	14.8
德国	12.5	15.5	15.6	15.8	16.1	16.1	16.7
法国	12.5	12.9	13.3	14.0	14.1	13.7	13.3

（续）

年份 国家	2006	2009	2010	2011	2012	2013	2014
英国	19.0	17.3	17.1	16.2	16.0	15.9	16.8
日本	15.7	16.0	16.0	—	16.1	—	—
巴西	17.3	13.3	—	11.1	9.0	8.9	7.4
俄罗斯	15.2	13.0	12.5	12.7	10.7	10.8	11.2
印度	—	29.8	—	21.9	—	—	—
南非	57.2	56.8				47.0	
中国	—	—	17.2	12.7	10.2	8.5	7.2

资料来源：美国统计局、欧盟统计局、世界银行。

（二）我国贫困标准符合国情，与国际标准逐步衔接

我国贫困标准的制定和调整可分为三个阶段。

第一阶段：解决基本温饱。

1986 年，我国首次制定贫困标准，用恩格尔系数法，以每人每日 2 100 大卡热量的最低营养需求为基准，再根据最低收入人群的消费结构进行测算，1985 年的农村贫困标准为人均纯收入 206 元，当年的全国农村贫困人口为 1.25 亿人。此后，依据物价逐年调整，1994 年为 440 元，以此制定的《国家八七攻坚扶贫计划》提出，力争 7 年基本解决 800 万农村贫困人口的温饱问题。到 2000 年，按 625 元的贫困线，贫困人口减少至 3 209 万人，贫困发生率降至 3.5%，该计划的战略目标基本实现（表 5）。

表5　我国贫困标准的变化　　　　　　　单位：元

年份	1986 年标准	2001 年标准	2010 年标准
1985	206		
2000	625	865	
2007	785	1 067	
2008		1 196	
2010		1 274	2 300
2015			2 855

资料来源：国务院扶贫办。

第二阶段：兼顾非食品需求。

2001 年，国家制定了《中国农村扶贫开发纲要（2001—2010 年）》，提出尽快解决少数贫困人口温饱问题，为小康创造条件。为此，国家调整了扶贫标准：在保留 1986 年标准的基础上，增加了低收入标准，计算部分非食品需求，将 2000 年农民人均纯收入 865 元定为低收入标准，涉及 9 423 万人。2008 年，国家将这一低收入标准明确为扶贫标准，当年为 1 196 元，2010 年提高到 1 274 元，贫困人口比 2000 年减少 6 735 万人，为 2 688 万人，贫困发生率降至 2.8%，《中国农村扶贫开发纲（2001—2010 年）》确定的目标基本实现。

第三阶段：兼顾适度发展。

2011 年，国家制定《中国农村扶贫开发纲要（2011—2020 年）》，在综合考虑发展水平，解决温饱、适度发展及政府财力的基础上，将 2 300 元作为新的扶贫标准，比 2008 年提高了 92.3%，贫困人口扩大到 16 567 万人，贫困发生率升至 17.2%。至 2015 年，按 2 855 元现价贫困线，贫困人口减少到 5 575 万人，贫困发生率降至 5.7%（图 6），向"两不愁、三保障"的预定目标稳步推进。

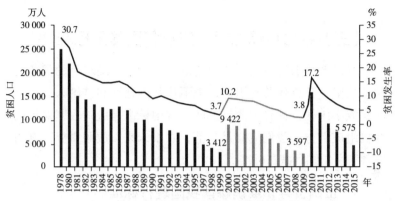

图 6　我国不同标准下贫困人口和贫困发生率

资料来源：国家统计局。

　　综合比较国际国内贫困标准，可以看出，第一，现行标准符合国情与承受能力。我国每次制定标准，充分考虑了财力和扶贫目标群体。现已基本消除 1978 年和 2008 年标准的贫困人口，现行标准所代表的生活水平能基本保障贫困人口"两不愁、三保障"，与全面建成小康社会的要求相适应。第二，我国与国际标准逐步衔接。我国前两个标准明显低于国际标准，2015 年我国的贫困标准（2.12 美元），已高于国际绝对贫困标准（1.9 美元）。第三，适时提高标准，对内利民对外利国。标准提高，是为了人民受益，充分体现了社会主义本质要求和我党全心全意为人民服务的宗旨。由于我国人均 GDP 已达 7 800 美元，属中上等收入国家，世界银行推荐我国使用发展中国家 3.1 美元的一般贫困标准，按此标准，我国 2010 年贫困发生率为 27.2%，比我国标准高 10 个百分点。针对"中国威胁论""中国责任论"升温，提高扶贫标准，有利于争取国际主动，获得更大的发展空间。

（三）结合世情国情，完善我国贫困标准

习近平总书记指出，全面建成小康社会，最艰巨的任务是脱贫攻坚。李克强总理强调，决不让贫困地区和贫困人口在全面建成小康社会征程中落伍掉队。贫困标准是脱贫攻坚对策的有机组成部分，我们应立足当前，着眼未来，放眼世界，努力完善和引领国际减贫标准。

1. 正确引导，准确解读我国现行标准

现行标准科学合理，但公众和外界缺乏了解，存在认识误区，如有人不考虑基准年后的物价等因素的变化，直接用 2 300 元与汇率折算，误认为我国扶贫标准仅为 1 美元左右；有人用 2 300 元与发达国家上万美元的贫困线直接对比，认为我国 2015 年 5.7% 的贫困率比发达国家 15% 左右的贫困率还低，不真实；有人认为"农村贫困人口实现脱贫"后，就没有贫困问题了。主动正确解读，加强舆论宣传，正确引导社会心理预期，应是打赢这一攻坚战的必要内容。

2. 适当增加需求内容，逐步与国际一般贫困线接轨

目前，国际一般贫困线为 3.1 美元。如果 2020 年我国的贫困标准是近 3.1 美元的国际贫困线，需要今后 5 年在 2 855 元的基础上年均增长 7% 左右。但过去 4 年我国贫困标准年均增速仅为 3%，主要考虑的是物价变化。因此，需要逐步拓宽贫困家庭的消费范围，将一部分必要的发展需求纳入计算范围，建议国家鼓励有条件的地区依据物价上涨和需求拓宽两个因素，率先提高标准。

此外，要主动加强国际合作，争取参与和引领世界减贫规

则。2015 年《联合国千年发展目标报告》认为，"中国在全球减贫中发挥了核心作用"。中国把扶贫开发纳入国家总体战略，制定适合发展阶段的贫困标准，推行开发式扶贫和精准扶贫，这些经验是国际扶贫事业的样板。我国政府部门需要进一步加强国际合作，积极参与贫困标准和减贫政策制定，增强世界减贫话语权，不断提升国家软实力，为实现中华民族伟大复兴的中国梦作出更大贡献。

🔍 原文再现

　　在推动扶贫开发上，习近平同志针对当时欠发达地区发展滞后和仍有大量贫困人口的问题，提出"努力使欠发达地区的发展成为全省经济新的增长点""不能把贫困村、贫困人口带入全面小康社会"的战略要求，强调"现代化建设不能留盲区死角，实现全面小康一个乡镇也不能掉队"（2003年 1 月 13 日在全省农村工作会议上的讲话）。强调"把扶贫这件事扎扎实实做好。勿以善小而不为，虽然比例是小的，人口是少的，好像无关浙江省大局，错了，一个也不能少。"（2007 年 1 月 23 日在加快实施"欠发达乡镇奔小康工程"座谈会上的讲话）。指出"现在的贫困问题不是块状贫困，而是星星点点的点状贫困，这要求我们扶贫工作观念要明晰，定位要准确，要做到因地制宜，'真扶贫，扶真贫'"（2003年 1 月 20 日在浙江"两会"期间参加省人大温州代表团讨论时的讲话）。

四 中国贫困现状分析

（一）中国反贫困取得的成就

作为世界上最大的发展中国家，我国反贫困的任务之重、压力之大，以及成效之显著都是前所未有的。因此，其价值取向直接决定了政策阶段。从我国的扶贫实践来看，2000 年到 2016 年的 16 年间内，一方面，扶贫标准不断提高，贫困线的标准从最初的 865 元增长了 2.7 倍，达到 2 300 元；另一方面，贫困人口不断减少，贫困率总共下降了 5.7 个百分点，贫困人口减少了 5 067 万人，堪称世界反贫困奇迹（图 7）。

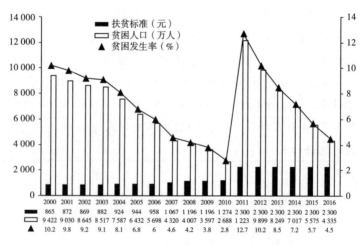

图 7 2000—2016 年农村贫困人口的变化

　　小康，是中华民族几千年的不懈追求。中华人民共和国成立以来，我们党带领人民持续向贫困宣战。特别是改革开放以来，经过全国范围有计划有组织地大规模扶贫开发行动，先后实施了"三西"农业建设计划、《国家八七扶贫攻坚计划（1994—2000年）》《中国农村扶贫开发纲要（2001—2010年）》《中国农村扶贫开发纲要（2011—2020年）》，我国脱贫工作取得了举世瞩目的成就。贫困人口大幅减少，贫困群众生活水平显著提高，贫困地区面貌发生翻天覆地的变化：经济快速发展，基础设施建设不断完善，社会事业发展和生态环境建设得到明显加强。特别是党的十八大以来，以习近平同志为核心的党中央把扶贫开发工作纳入"五位一体"总体布局和"四个全面"战略布局，实施精准扶贫、精准脱贫，加大扶贫投入，创新扶贫方式，扶贫开发工作呈现新局面。

　　回顾改革开放以来的发展历程，中国共产党成功走出一条中国特色扶贫开发道路，使7亿多农村贫困人口成功脱贫，为全面建成小康社会打下了坚实基础。这个数字，放在人类历史上看，也是前无古人的。目前，我国已成为世界上减贫人口最多的国家，也是世界上率先完成联合国千年发展目标中贫困人口减半目标的国家。我国的扶贫取得的伟大成就，为全球减贫事业做出了重大贡献，得到了国际社会的广泛赞誉。这个成就，已经载入人类社会发展史册，也向世界证明了中国共产党领导和中国特色社会主义制度的优越性。

　　2015年7月6日，联合国发布的《千年发展目标2015年报告》显示，中国是千年发展目标的积极参与者和贡献者，已经基本实现了大部分千年发展目标。从1994年算起，25年间全球极端贫困人口减少1 064亿人，中国的贡献率超过70%。国家统计局公布的数据显示，按照年人均收入2 300元（2010年不变价）的农村扶贫标准计算，2012年年末农村贫困人口为989

万人，比 2011 年末减少 2 339 万人。2013 年农村贫困人口为 8 249 万人，比 2012 年减少 1 650 万人。2014 年农村贫困人口为 7 017 万人，比 2013 年减少 1 232 万人。按照每人每天 1.25 美元的国际贫困线标准测算，1978—2014 年中国减贫人数累计超过 7 亿人，年均减贫人口规模 1 945 万人，贫困发生率下降 90.3 个百分点，贫困人口年均减少 64%。若按中国贫困线标准测算，农村贫困人口从 1978 年的 2.5 亿减少至 2014 年的 7 017 万人，贫困发生率相应地从 30.7% 减少至 7.2%。2015 年我国农村贫困人口从 2014 年的 7 017 万人减少到 5 575 万人，减少 1 442 万人（比上年多减 210 万人），贫困发生率从上年的 72% 下降到 5.7%。这意味着 2015 年度减贫 1 000 万人以上的任务超额完成，"十二五"扶贫开发圆满收官。2016 年中国农村贫困人口 4 335 万人，比上一年减少 1 240 万人，脱贫攻坚逐年推进。

中国扶贫开发工作的进展对于全球减贫进程有着至关重要的影响。用联合国扶贫开发署官员文霭洁的话来说："许多发展中国家可以从中国的发展经验中获取灵感，因为这些国家遇到的发展问题和面临的挑战与 30 年前的中国十分相似。同时，中国也一直释放信号，表示愿意在其他国家完成全球发展目标的过程中，发挥积极的作用。"

唯物辩证法启示我们，贫困是绝对的，也是相对的。一方面，贫困是绝对的，从人的生存发展的客观生理需求来说，必然有个最低的标准，即在一定的时间、空间和社会发展阶段的条件下，维持人们的基本生存所必需消费的物品和服务的最低费用，这个标准就是绝对贫困线，当前全球为之努力解决的目标就是消除绝对贫困现象。另一方面，贫困又是相对的，从人的发展的更高层次的生理和心理需求来说，贫困总是和富裕相比较、相对应而存在的，相对贫困现象在很长的历史时期都将存在，需要我们不断在发展中去努力加以解决。因此，我们要辩证地看贫困问题，从自身所处的历史发展阶段出发，必须清醒地认识到我们仍将长期处于社会主义初级阶段，必须清醒地认识到贫困问题的长期性、艰巨性、复杂性，实现全面小康只是取得了阶段性胜利，随着贫困标准的不断提高，我们还要以更高的标准和要求做好新的反贫困工作。

（二）贫困人口数量及其分布

全面建成小康社会，最艰巨最繁重的任务在农村，特别是贫困地区。没有农村的小康，特别是没有贫困地区的小康，就没有全面建成小康社会。

成绩有目共睹，任务依然艰巨。在实现全面建成小康社会宏伟目标的伟大历史进程中，贫困无疑是最大的"短板"、最难啃的"硬骨头"。中国是世界上最大的发展中国家，农业人口众多，又长期受到城乡二元结构的影响，农村的经济、政治、文化、社会发展总体仍然较为落后。为了补齐这块"短板"，啃这根"硬骨头"，党中央带领全国人民，正在推进一项世所罕见的脱贫攻坚行动，就是到 2020 年实现"两个确保"：确保农村贫困人口实现脱贫，确保贫困县全部脱贫摘帽。实现这一目标，意味着我国要比世界银行确定的在全球消除绝对贫困现象的时间整整提前 10 年。这就要求我们在实际工作中，必须先摸清底数、弄清实情，解真贫、扶真贫。

根据中国社会科学院和国务院扶贫办 2016 年 12 月 27 日联合发布的《中国扶贫开发报告 2016》（扶贫蓝皮书），改革开放以来，中国实现了"迄今人类历史上最快速度的大规模减贫"。按 2010 年不变价格农民年人均纯收入 2 300 元 / 年的扶贫标准，中国农村贫困人口从 1978 年的 7.7 亿人减少到 2015 年的 5 575 万人，减少了 71 464 万人或者说是降低了 92.8%。从贫困现状看，截至 2016 年底，全国农村贫困人口还有 4 335 万人，其中贫困人口规模在 300 万人以上的省份还有 6 个，全国贫困发生率高于 10% 的省份有 5 个，到 2020 年平均每年需减少贫困人口近 1 100 万人，越往后脱贫成本越高、难度越大。

目前，我国贫困人口分布的具有以下几个特征：

第一，贫困人口主要是在偏远落后农村地区。中国现在的绝对贫困人口分布呈现点（10 多万个贫困村）、片（14 个集中连片特困地区）、线（沿边境贫困带）并存的特征。从总体上看，这些贫困人口大部分分布在边远农村地区，而且其贫困程度深于城镇贫困居民。农村的贫困主要是绝对贫困，城市的贫困主要是相对贫困，但绝对贫困问题也日益凸显出来。

第二，贫困人口分布同地理环境有极强的正相关性。由于地理环境的影响，农村贫困人口的分布由分散逐步向某些具有明显地域特征的地域集中。进入 21 世纪，贫困人口大多数集中在我国深石山区、高寒区、生态脆弱区、灾害频发区和生态保护区，这些地区自然条件差、农业生产率低、生存条件恶劣，贫困代际传递明显，减贫边际效应不断下降，增收难度较大，是中国农村贫困的一个主要原因。据国家统计局统计：贫困人口 57% 的所有收入仍然来自农业，贫困人口对农业有着严重的依赖性。此外，地理和自然条件的恶劣，对贫困的影响仍然很大。从目前我国贫困地区分布来看，垂直分布特点非常明显，在 592 个国家级贫困县中，其中有 384 个是山区县，占总数的 65%。

第三，少数民族地区贫困人口所占比重较大。在我国 55 个少数民族中 90% 以上的少数民族都分布在贫困地区，涉及 5 个民族自治区、24 个自治州、44 个民族自治县。少数民族占全国人口的 9%，但是却占剩余绝对贫困人口的 40%，而且大多数生活在深度贫困之中。在国家级贫困县中，少数民族自治县占总数的 40%。

第四，贫困人口的分布和区域经济发展整体水平密切相关。中国不同地区的经济与社会发展水平历史上就有很大的差距。改革开放后，由于梯度发展战略的实施，使东、中、西三个经济地带的差距又进一步扩大，经济发展差距扩大的直接后果就是人们富裕程度的差距拉大。中西部地区的贫困人口多、比重大、程度深，贫困人口比例在全国约占 80%。

可以说，现有贫困人口贫困程度更深、减贫成本更高、脱贫难度更大，依靠常规举措难以摆脱贫困状况。从发展环境看，经济形势更加错综复杂，经济下行压力大、地区经济发展分化对缩小贫困地区与全国发展差距带来新挑战；贫困地区县级财力薄弱，基础设施瓶颈制约依然明显，基本公共服务供给能力不足；产业发展活力不强，结构单一，环境约束趋紧，粗放式资源开发模式难以为继；贫困人口就业渠道狭窄，转移就业和增收难度大。实现到 2020 年打赢脱贫攻坚战的目标，时间特别紧迫，任务特别艰巨。

表 6 "十三五"时期贫困地区发展和贫困人口脱贫主要指标

指标	2015 年	2020 年	属性	数据来源
建档立卡贫困户人口（万人）	5 630	实现脱贫	约束性	国务院扶贫办
建档立卡贫困户村（万个）	12.8	0	约束性	国务院扶贫办
贫困县（个）	823	0	约束性	国务院扶贫办
实施易地扶贫搬迁贫困人口（万人）	—	981	约束性	国家发展改革委、国务院扶贫办
贫困地区农民人均可支配收入增速（%）	11.7	年均增速高于全国平均水平	预期性	国家统计局

（续）

指标	2015 年	2020 年	属性	数据来源
贫困地区农村集中供水率（％）	75	>83	预期性	水利部
建档立卡贫困户存量危房改造率（％）	—	近 100	约束性	住房城乡建设部、国务院扶贫办
贫困县义务教育巩固率（％）	90	93	预期性	教育部
建档立卡贫困户因病致（返）贫户数（万户）	838	基本解决	预期性	国家卫生计生委
建档立卡贫困户村村集体经济年收入（万元）	2	>5	预期性	国务院扶贫办

（三）贫困群众的现实诉求

1. 基于陕西省农民调查

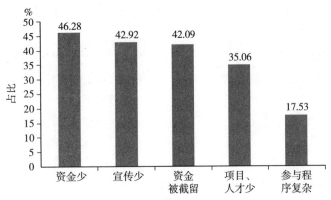

（农民认为扶贫政策落实中存在的问题）

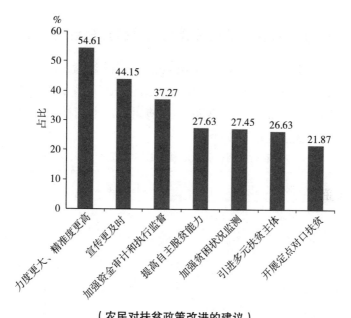

（农民对扶贫政策改进的建议）

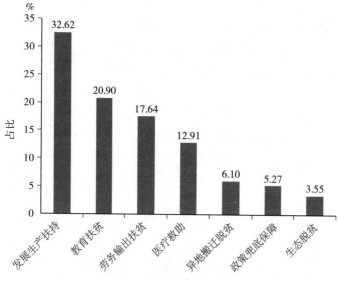

（农民对精准扶贫最为迫切的需求）

2. 陕西省农村致贫因素与精准扶贫社会调查

（1）农村贫困居民对精准扶贫政策的满意度。表7是被访者对精准扶贫政策满意度的分析结果，从调查结果来看，农村贫困居民对精准扶贫政策满意的比例仅占到被访者总数的45.41%，满意度水平较低。

表7　农村贫困居民精准扶贫政策满意度（ $n=1\,361$ ）

满意度	人数（人）	百分比（%）
非常不满意	51	3.75
不满意	196	14.40
一般	496	36.44
满意	520	38.21
非常满意	98	7.20

（2）农村贫困居民对精准扶贫政策的了解程度。对精准扶贫政策的了解程度直接关系着被访者对精准扶贫政策的满意度。为此在问卷中设计了"您了解精准扶贫政策吗？"一项。由表8可以看出，对精准扶贫政策表示了解和非常了解的比例不到20%，可见农村贫困居民对精准扶贫政策的了解程度非常低。

表8　精准扶贫政策了解程度（ $n=1\,384$ ）

了解程度	人数（人）	百分比（%）
非常不了解	167	12.07
不了解	516	37.28
一般	428	30.92
了解	165	11.92
非常了解	108	7.81

进一步分析农村贫困居民了解精准扶贫政策的渠道发现，选择比例最高的是村干部宣传，有 57.54% 的被访者选择了该项；其次是村委会公示，选择该项的比例占到样本总数的 44.93%；位居第三位的是参加村民代表大会，占比为 30.91%；另外，选择亲朋好友的比例为 30.81%，选择电视报纸媒体宣传的比例为 23.35%，选择家庭成员的比例为 17.53%，还有 9.97% 选择了其他渠道。总体来看，村干部宣传、村委会公示和参加村民代表大会是农村贫困居民了解精准扶贫政策的三大主要渠道。

（3）农村贫困居民参与精准扶贫项目情况。精准扶贫项目参与状况也会影响农村贫困居民对精准扶贫政策的满意度，为此通过一道多选题"您参加过的精准扶贫项目有哪些？"来了解农村贫困居民的精准扶贫项目参加情况。所列出的项目共有 11 个，分别是技能培训、贷款支持、扶贫搬迁、医疗支持、产业扶贫、教育扶贫、科技扶贫、旅游扶贫、危房改造、饮用水改造和其他。分析发现被访农民参与比例最高的项目是医疗支持，所占比例为 27.46%；其次是产业扶贫，比例为 13.67%；排在第三位的是技能培训，比例为 13.03%。值得注意的是，农村贫困居民参加科技扶贫和旅游扶贫的比例极低，分别仅为 1.54% 和 1.03%。古语云："善为国者，遇民如父母，闻之饥寒为之哀，见其劳苦为之悲"。这告诉我们，扶贫工作必须坚持以人民为中心的扶贫发展理念，只有真正了解贫困群众利益诉求，想其所想，忧其所忧，急其所急，设身处地地为困难群众着想，才能有的放矢，采取针对性的措施进行脱贫攻坚。

2015 年 11 月 27 日，习近平总书记在中央扶贫开发工作会议上明确要求我国"十三五"期间脱贫攻坚的总目标是：到2020 年实现"两不愁、三保障"；"两不愁"，就是稳定实现农村贫困人口不愁吃、不愁穿；"三保障"，就是农村贫困人口义务教育、基本医疗、住房安全有保障；同时实现贫困地区农民人均可支配收入增长幅度高于全国平均水平、基本公共服务主要领域指标接近全国平均水平。这就是当前广大贫困群众最大的现实诉求，也是我们必须努力为之奋斗的目标。

从当前我国扶贫实际看，贫困人口的脱贫需求具体又可以分为两类：生存类需求和发展类需求。生存类需求大体包括兜底政策（比如低保和五保）、医疗保障、基础设施建设（比如饮水安全和架桥修路）、危房改造等；发展类需求大体包括教育资助、产业扶贫、就业扶贫、创业扶贫、资产收益扶贫（比如土地流转）、金融扶贫等。

从理论上看，马斯洛的需求层次理论对扶贫攻坚也有一定启发。马斯洛提出，人类需求像阶梯一样从低到高按层次分为五种，分别是生理需求、安全需求、社交需求、尊重需求和自我实现需求。这一理论从人的生理和心理的双重需求出发，符合人的发展规律。除了满足贫困群众的基本生存需求外，还应关照贫困群众的幸福感、获得感。

比如要满足贫困群众起码的群体归属需求。人的本质是社会性动物，人人都希望得到相互的关系和照顾。感情上的需要比生理上的需要来得细致，它和个人的生理特性、经历、教育、信仰都有关系。最典型的例子就是贫困家庭的孩子，在成长过程中需要寻求情感和建立友谊，从而避免孤独感，获得归属感，但往往由于其原有的教育条件相对薄弱以及受其自身经济条件的限制，使得他们在经济、知识、人际交往等技能方面与其他同学还存有一定差距，甚至有的形成自我认识偏差，过多否定自己，容易产生自卑、自闭心理。

比如要满足贫困群众获得他人尊重的需求。人人都希望自己有稳定的社会地位，希望个人的能力和成就得到社会的承认。尊重的需求得到满足，能使人对自己充满信心，对社会满腔热情，体验到自身的价值。然而，在实际扶贫工作中，仍然存在一些忽视贫困户尊严的现象，这就告诉我们，在帮扶过程中要注重方式方法，更多地从贫困户的角度出发，充分考虑到贫困户被尊重的需求。

比如要满足贫困群众个人自我价值实现的需求。自我价值的实现，一定是建立在对自己与社会、与国家，乃至与世界、与宇宙有一定的认知基础上的，每个人对自我价值的定位可能会各有不同，但是，这种实现自我、完善自我的追求是普遍存在的。马克思 17 岁的时候，就在中学毕业文章《青年在选择职业时的考虑》中表达了为人类谋幸福的崇高理想，立下了为人类而牺牲自己的宏大志愿，并终身践行。在社会主义初级阶段，自我价值的实现，主要是指通过努力奋斗实现个人理想、抱负，力求将个人的能力发挥到最大限度，从而实现个人价值和社会价值的统一，特别强调的是在实现社会价值中实现个人价值。具体到扶贫工作来说，就是要鼓励激发贫困户通过自己的劳动与参与，达到脱贫标准，成功脱贫，让他们在自我奋斗以实现脱贫的过程中感到最大的快乐。

（四）致贫原因剖析

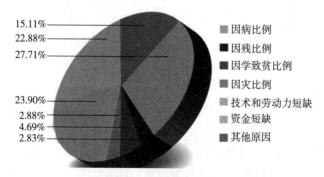

图 8　中国贫困户主要成因类型及结构比例

数据来源：国务院扶贫办建档立卡相关资料。

我国贫困人口问题是多种因素综合作用的结果，归结起来，主要是两个方面的因素。一是客观因素，主要包括自然条件等方面的因素，不为人的意志而转移，不少贫困地区受资源环境约束，一方水土养活不了一方人；二是主观因素，也就是人为的因素，包括内在的人为因素和外在的人为因素。在当前，主客观两个方面的因素有的甚至互为影响、互相作用，交织构成一种贫困综合征。

1. 客观因素

从自然地理环境来看，地理区位不利、自然条件较差是我国贫困地区贫困的主要原因。由于我国大部分贫困地区分布在边远地区、山区、半山区和丘陵地区。特别从东西部差异来看，经济发展落后的省份主要集中在中西部地区，这些地区贫困人口主要集聚在山地丘陵区、生态脆弱区、高寒区、革命老区、边境地区等区域，形成农村贫困化的特有现象——孤岛效应。孤岛效应主要表现为某一区域较少或难以与外界进行物质、信息、人员交流，长期处于封闭、半封闭状态下形成的地域性贫困现象。在空间上孤立存在、形似岛状，如陕西秦岭山区、四川大凉山区、间北太行深山区等。由于这些区域的贫困县、贫困村、贫困户长期远离城市、产业和技术带动，造成与外界的经济联系日益弱化，发展差距持续拉大，贫困化程度不断加剧，成为新时期扶贫开发"攻坚拔寨的主战场。"

从历史因素看，中华人民共和国成立后，我国在一穷二白的大背景下开展社会主义经济建设，以苏联模式为参照，在全国采取高度集中的计划经济体制。当时为了优先发展重工业，以保证工业的较低成本和高速发展，国家实施了工农业产品价格"剪刀差"等形式的城市倾向政策，转移农业利润来加速城市部门的工业化进程，这在一定程度上造成了农村发展的滞后。同时，它也很大程度上限制了农村劳动力的自由流动，影响了农村产业的发展、农村市场的发育，形成了城乡二元的经济结构、社会结构、文化结构。

从不可预期因素看，因病致贫、因灾致贫也是导致贫困的重要原因。建档立卡数据显示，贫困人口中因病致贫比例从2015年的42%上升到2016年的44%，医疗支出负担重，解决这些人的贫困问题，成本高、难度大。单亲家庭、有残疾人、重疾患者、无养老保障的老年人的家庭，往往经济负担较重，容易陷入贫困。孤寡老人和孤儿、残疾人、重症患者、受教育程度低者，通常是贫困人口的基本成员。

2. 主观因素

从外在人为因素看，主要是一些短期的、片面的、不科学不合理的政策性原因。比如，急功近利的盲目决策，从而造成政策失误，使社会中某一群体或某些区域处于不利地位而导致的贫困。比如，有的地方基础设施跟不上、资源开发不合理、教育卫生投入不足、人力资本的投资不够、农村金融体系不健全等，导致该地区的区域性贫困。

从内在的人为因素看，主要还是自身的思想观念问题。有的贫困人口"等靠要"思想严重，"靠着墙根晒太阳，等着别人送小康"。几年前，有人在某地看到一户农民家的大门上贴着这样一副春联，上下联是一天三顿饭，无须多流汗，横批为心满意足。从这副春联我们就可以看出在中国农村，由于受数千年小农经济的影响，一些农民不思进取的思想长期存在。在扶贫工作中我们发现，有的贫困户，国家给其修建了大棚，还等着政府买种子、买机械，供肥料、供技术，连换个草帘子都指望政府干；有的地方低保补助水平较高，低保户什么都不干，躺着吃低保。从家庭教育的角度看，贫困的代际传递，也在于有些父母对子女教育不重视，使得子女错过受教育机会，知识水平、技术水平、工作能力无法适应社会需求，无法摆脱贫困。

（五）减贫薄弱环节

当前，我国扶贫开发既面临着一些多年未解决的深层次矛盾和问题，也面临不少新情况新挑战，要看到，容易脱贫的地区和人口已经解决得差不多了，接下来的大量集中在自然环境恶劣、区位条件差、基础设施落后、区域发展不均衡的地理空间位置上，所面对的都是贫中之贫、困中之困，越往后脱贫攻坚成本越高、难度越大、见效越慢。要顺利实现到2020年摆脱贫困的既定目标，平均每年至少要减贫1000万人，时间十分紧迫、任务相当繁重。从实际情况看，还存在不少薄弱环节，突出表现在以下几个方面：

第一，精准扶贫体制机制还不健全。在统计建档立卡信息的标准上，各单位落实到基层入户登记的时候，存在多次改标准、重复做工以及耗费人力、财力、物力的现象。无论是专项扶贫，还是行业扶贫、社会扶贫，都还存在"大水漫灌"或缩小版"大水漫灌"现象，有的甚至"垒大户""造盆景"。我国目前区域优先发展反贫困战略是以开发利用自然资源作为其基本出发点的，在区域开发中，注重物质资源的开发利用，相对忽视人力资源开发及重新配置；注重短缺要素的单向输入，忽视生产要素的双向流动。从理论上说，生产要素的流动范围越大，要素配置的效率就越高。而我国区域开发反贫困战略是在一个较小范围内配置生产要素特别是劳动力的，这势必降低配置效率，从更深层次上说，也降低了消除或缓减贫困的速度。

在机制方法上，需要从重视有形资本投资向重视人力资本投资的转变，即着重培养创新精神，改造文化环境，制定一定的激励机制，促进物质资本和人力资本的双向流动，以提高资源的配置效率。

第二，扶贫开发责任还没有完全落到实处。有的地方特别是一些贫困县党委和政府没有把脱贫攻坚摆在首位，重县城建设、轻农村发展，重区域开发、轻贫困人口脱贫，重"面子工程"、轻扶贫脱贫实效等现象仍然存在，有的地方在落实帮扶责任人后，帮扶者不上心，草草了事，统计建档立卡信息错误状况频出，有的在统计信息上造假、漏报、谎报。有的地方以贫困为名要政策、要资金，拿到政策资金后却大搞"政绩工程"，县城建设得富丽堂皇，而边远村依旧很贫穷。有的行业部门缺乏支持脱贫攻坚的政策安排，针对贫困村、贫困户特惠政策少。

第三，扶贫合力还没有汇聚到位。国务院扶贫办负责专项扶贫，但实际上其掌握的扶贫资金和资源相对较少，统筹协调各个部委单位的综合措施有限，行业扶贫各自形成了相对独立的施策方案，根据各自部门的职责及其所能支配的扶贫资源，重点投向联系片区或扶贫联系点，缺少对整个行业扶贫资源的统筹考虑，造成有的地区扶贫资源过度集中，而有的地区扶贫资源相对匮乏，况且单一行业的扶贫资源很难有效解决贫困地区综合性发展问题，造成扶贫资源低效利用，社会扶贫相对松散，与行业扶贫、专项扶贫的配合不够，难以形成精准扶贫的社会合力。这就需要进一步明确各相关责任部门精准扶贫的每一项责任，形成详细的责任清单，避免扶贫任务重叠或者漏出。扶贫农村低保、新农保、医疗救助、危房改造、家庭经济困难学生资助等政策衔接不够，社会扶贫缺乏有效可信的平台和参与渠道，潜力还没有被充分激发出来。

第四，扶贫资金投入还不能满足需要。扶贫资金是扶贫工作能否顺利实施并取得卓有成效的动力。近几年，中央和省级财政投入扶贫的资金总量一直在增加，但同脱贫攻坚的需求相比仍显不足。另外，扶贫资金使用的效率也需要注意，随意、渗漏等不合理的低资金使用效率现象也需要各级扶贫部门加强关注，我国扶贫资金管理机构组织庞大，审批手段繁杂，本意是加强扶贫资金管理，但在一定程度上造成了扶贫资金运作的低效率，因为扶贫机构臃肿，相应行政事业费用支出沉重，这样势必增大了扶贫资金管理成本。

第五，贫困地区和贫困人口的主观能动性有待进一步提升。有的地方不注重调动贫困群众积极性、主动性、创造性，包办代替、大包大揽的做法助长了"等靠要"思想，个别贫困户认为国家有保障他们实现"生存权"和"发展权"的道义责任，"好吃懒做"导致贫困的家庭等救济、等补贴、等扶持，甚至以被建档立卡划为贫困户为荣，当成一种不劳而获的经济增收方式。有些地方，驻村干部帮贫困户打扫庭院，贫困户却在打麻将，有的贫困户，国家给了种牛种羊过几天就卖了吃了，俗话说，救穷不救懒。穷固然可怕，但靠穷吃穷更可怕。

第六，因地制宜分类指导还有待于进一步科学化。一些扶贫项目缺乏充分调研论证，贫困群众参与少，没有经过通盘考虑和具体分析，就盲目或执意上实行一项目，属于拍脑袋决策、长官意志，导致项目在本地"水土不服"。没有适合生存的土壤，造成"设施建好就闲置、项目交付就成摆设"的局面。这不仅浪费了国家扶贫资金，更打击了贫困群众的一腔热情。

党的十八大以来的五年，为确保实现脱贫攻坚目标，中央出台一系列含金量高的政策和举措，打出组合拳。加大财政扶贫投入力度，发挥政府投入的主体和主导作用，开拓脱贫攻坚资金渠道，确保政府扶贫投入力度与脱贫攻坚任务相适应。加大金融扶贫力度，为贫困户提供扶贫小额信贷，设立扶贫再贷款、易地扶贫搬迁金融债，出台证券、保险支持脱贫攻坚政策。实施脱贫攻坚土地优惠政策，允许贫困县城乡建设用地增减挂钩指标在省域内流转使用。重点支持革命老区、民族地区、边疆地区、连片特困地区脱贫攻坚，加快交通、水利电力建设，加大"互联网+"扶贫力度，推进农村危房改造和人居环境整治，发挥科技人才支撑作用，健全留守儿童、留守妇女、留守老人和残疾人关爱服务体系，加大社会动员力度，深化东西部扶贫协作、定点扶贫、军队和武警部队扶贫，实化民营企业、社会组织、公民个人扶贫，创新扶贫开发理论，建立国家扶贫荣誉制度，加强乡风文明建设，宣传先进典型，营造良好氛围。

成绩不容忽视，但当前脱贫攻坚正处在爬坡过坎、不断深化、不断精准发力的过程中，打赢脱贫攻坚战，责任重大、使命光荣。面对困难和挑战，我们要认真学习贯彻习近平总书记精准扶贫精准脱贫战略思想，深入领会习近平新时代中国特色社会主义思想，坚决同以习近平同志为核心的党中央保持高度一致，凝心聚力，攻坚克难，开拓创新，狠抓脱贫攻坚各项工作落实，争取向党和人民交出满意的答卷。

🔍 原文再现

党的十八大以来，在以习近平同志为核心的党中央坚强领导下，脱贫攻坚取得了决定性进展。中国特色脱贫攻坚制度体系全面建立，精准扶贫、精准脱贫方略扎实推进，各方联动、社会参与的大扶贫格局基本形成，创造了我国减贫史上最好成绩。2017年，党中央关于脱贫攻坚的决策部署得到全面贯彻落实，各地区各部门责任进一步强化，五级书记抓脱贫攻坚的思想自觉和行动自觉基本形成，精准扶贫精准脱贫政策措施落地见效，东西部扶贫协作全面提速，中央单位定点扶贫稳步推进，工作作风明显转变，脱贫攻坚迈上新的台阶。（2018年3月30日中共中央政治局召开会议中共中央总书记习近平主持会议听取2017年省级党委和政府脱贫攻坚工作成效考核情况汇报）

五 精准扶贫的顶层设计与具体实践

（一）习近平关于扶贫工作的重要论述：精准扶贫顶层设计与具体实践的指引

习近平关于扶贫工作的重要论述形成于我国全面建成小康社会与经济发展新常态的叠加时期，具有鲜明的时代特色、政治基础和哲学意味，充分体现出我国政治和社会主义制度优势，是我国精准扶贫顶层设计和具体实践的指引。自 2013 年底首次提出"精准扶贫"以来，习近平关于扶贫工作的重要论述不断丰富与完善。习近平关于扶贫工作的重要论述围绕扶贫干预全过程精准，系统回答扶贫中"扶持谁，谁来扶、怎么扶、如何退"等核心问题，对我国扶贫理论创新和扶贫实践创新具有重要指导意义和价值，对国际减贫发展具有重要启示。

1. 习近平关于扶贫工作的重要论述的时代背景

（1）共产党执政的初心和全面建成小康社会的底线目标。自中华人民共和国成立以来，中国共产党在领导中国人民进行新民主主义革命、建设社会主义新中国、实行改革开放进程中，始终坚持紧密联系群众、全心全意为人民服务、实事求是、与时俱进的"初心"。习近平总书记指出："坚持不忘初心、继续前进，就要统筹推进'五位一体'总体布局，协调推进'四个全面’战略布局，全力推进全面建成小康社会进程，不断把实现‘两个一百年’奋斗目标推向前进。”“十三五”期间，是我国实现第一个“一百年”奋斗目标，即到2020年全面建成小康社会的关键时期。"我们不能一边宣布实现了全面建成小康社会的目标另一边还有几千万人口生活在扶贫标准线以下。如果是那样，就既影响人民群众对全面小康社会的满意度，也影响国际社会对全面建成小康社会的认可度，所以‘十三五’时期经济社会发展，关键在于补齐‘短板’，其中必须补好扶贫开发这块‘短板’。"党的十八大以来，以习近平同志为核心的党中央高度重视扶贫开发工作，把扶贫开发摆到治国理政的重要位置，上升到事关全面建成小康社会、实现第一个百年奋斗目标的新高度。打赢脱贫攻坚战，消除绝对贫困，实现现行标准下农村贫困人口全部脱贫，贫困县全部摘帽，解决区域性整体贫困，是全面建成小康社会的底线任务。

（2）**经济发展带动减贫效果弱化**。长期以来，我国实施的是政府主导、市场和社会共同参与的扶贫开发模式。其中以市场主体为牵引的经济增长为农村持续大规模减贫提供了强劲动力，成为重要推动力量。从减贫过程看，1978—1985年农村经济的快速发展，使得上亿贫困人口解决了温饱问题，摆脱了贫困。之后，随着市场经济发展和大规模农村劳动力向城镇非农就业转移，贫困农户非农收入快速增加，保持了农村大规模减贫的持续进程。2008年国际金融危机爆发后，特别是我国进入经济增长新常态后，经济增长带动减贫效益下降，经济增长的主体产业（新业态）的益贫性低，农业的规模经营和资金密集趋势也在逐步增强，通过劳动力转移，农业经营增收脱贫的局限性逐步明显。与此同时，社会转型步入各类利益冲突社会矛盾多发期。经济增长变缓，弱化了经济发展对社会结构性矛盾的正向作用，凸显了社会矛盾和风险，社会负能量在增加，提升农村扶贫效益，有效解决贫困地区、贫困人口突出问题，是促进共同发展、彰显执政为民理念，营造共谋共富社会氛围、将社会负能量转化为社会治理的建设性力量的有效路径。

（3）贫困治理困境与贫困固化趋势增强。在政府、社会、市场多元贫困治理格局中，某一方力量的变化会改变贫困治理格局，带来治理困境问题。当经济增长带动减贫强劲时，政府贫困治理中存在的一些问题以及减贫效益不高，并不会对减贫大局产生较大影响。但当经济带动减贫弱化后，如果公共力量特别是政府贫困治理能力问题仍未得到根本性解决，则会影响减贫进程及效果乃至整体格局，比如导致贫困结构化问题等。长期以来，我国政府贫困治理中扶贫准偏离问题一直没能很好解决，不少扶贫项目粗放"漫灌"、针对性不强等问题还比较普遍。我国提升扶贫标准后，贫困人口大幅增加。其中相当一部分剩余贫困人口贫困程度深、致贫原因复杂、自我发展能力弱、返贫现象突出。这些贫困人口较难通过经济增长带动减贫，政府传统扶贫治理方式效果已经十分有限。而这些贫困人口问题的有效解决将会影响全面建成小康社会目标的如期实现，甚至会通过贫困代际传递造成贫困固化。

2. 习近平关于扶贫工作的重要论述的形成与发展

（1）习近平关于扶贫工作的重要论述的提出。20 世纪 80年代末期，习近平同志在福建宁德工作期间提出了"弱鸟先飞""滴水穿石""四下基层"等许多发展理念、观点和方法其中不乏精准扶贫的理念，如因地制宜发展经济是"弱鸟"先飞且飞得快和高的重要途径等。2012 年底，习近平总书记在河北省阜平县考察扶贫开发工作时指出，"推进扶贫开发、推动经济社会发展，首先要有一个好思路、好路子。要坚持从实际出发，因地制宜、理清思路、完善规划、找准突破口，要做到宜农则农，宜林则林、宜牧则牧，宜开发生态旅游，则搞生态旅游，真正把自身比较优势发挥好，使贫困地区发展扎实建立在自身有利条件的基础之上"。厘清发展思路，因地制宜找准发展思路的论述，表明这一阶段习近平关于扶贫工作的重要论述已处于萌芽时期。2013年11月，习近平总书记在湖南湘西考察时首次提出"精准扶贫"概念。他指出："扶贫要实事求是，因地制宜。要精准扶贫，切记喊口号，也不要定好高骛远的目标。"2014年10月的首个"扶贫日"，习近平总书记做出重要批示："各级党委、政府和领导干部对贫困地区和贫困群众要格外关注、格外关爱……加大扶持力度，善于因地制宜，注重精准发力，充分发挥贫困地区广大干部群众能动作用，扎扎实实做好新形势下扶贫开发工作，推动贫困地区和贫困群众加快脱贫致富步伐。"2014年11月初，在福建调研时，习近平总书记指出："当年苏区老区人民为了革命和新中国的成立不惜流血牺牲，今天这些地区有的还比较困难，要通过领导联系……加快科学扶贫和精准扶贫。"这表明习近平总书记将精准扶贫视为扶贫开发方式的新要求。

在习近平关于扶贫工作的重要论述的指引下，我国精准扶贫实践不断深入推进2013年底，中共中央办公厅、国务院办公厅印发《关于创新机制扎实推进农村扶贫开发工作的意见》，提出以建立精准扶贫工作机制为核心的六项机制创新和十项重点工作。围绕该文件，相关部委出台了《关于改进贫困县党政领导班子和领导干部经济社会发展实绩考核工作的意见》《关于印发〈建立精准扶贫工作机制实施方案〉的通知》《关于印发〈扶贫开发建档立卡工作方案〉的通知》等政策配套政策文件特别是后两个文件的出台，将精准扶贫要求落实到行动与实施层面。

（2）习近平关于扶贫工作的重要论述的发展与完善。2015年、2016年，习近平关于扶贫工作的重要论述逐步上升为国家扶贫开发战略，并不断丰富和完善。2015年2月，习近平总书记主持召开陕甘宁革命老区脱贫致富座谈会，向参会市（县）委书记提出"如何打扶贫攻坚战、加快改善老区老百姓生活"等四个问题，并指出："市（县）党委和政府要增强使命感……贯彻精准扶贫要求，做到目标明确、任务明确、责任明确、举措明确，把钱真正用到刀刃上，真正发挥拔穷根的作用。"2015年6月，习近平总书记在贵州召开部分省区市党委主要负责同志座谈会上进一步指出："扶贫开发贵在精准，重在精准，成败之举在于精准。各地都要在扶持对象精准、项目安排精准、资金使用精准、措施到户精准、因村派人（第一书记）精准、脱贫成效精准上想办法，出实招、见真效。……要因地制宜研究实施'四个一批'的扶贫攻坚行动计划，即通过扶持生产发展一批，通过移民搬迁安置一批，通过低保政策兜底一批，通过医疗救助扶持一批，实现贫困人口精准脱贫。"

　　2015年11月27日至28日，中央扶贫开发工作会议召开，习近平总书记发表长篇重要讲话，系统阐述精准扶贫、精准脱贫方略，标志着习近平关于扶贫工作的重要论述的形成。会后，颁布《中共中央国务院关于打赢脱贫攻坚战的决定》，要求各级党委和政府要把扶贫开发工作作为重大政治任务来抓，实施全党全社会共同参与的脱贫攻坚战。2016年12月，国务院印发《"十三五"脱贫攻坚规划》，提出要按照党中央、国务院决策部署，坚持精准扶贫、精准脱贫基本方略，坚持精准帮扶与区域整体开发有机结合，大力推进实施一批脱贫攻坚工程。《"十三五"脱贫攻坚规划》系统阐述了"十三五"时期脱贫攻坚工作的指导思想、目标以及产业发展脱贫等多项贫困人口和贫困地区脱贫的具体路径和方法，为贯彻落实《关于打赢脱贫攻坚战的决定》，中央及有关部门先后出台了100多项政策文件，表明我国以习近平关于扶贫工作的重要论述为指导的脱贫攻坚顶层设计的"四梁八柱"基本完成。

3. 习近平精准扶贫的思想体系

（1）习近平关于扶贫工作的重要论述的哲学基础

第一，实事求是和从实际出发。 实事求是是毛泽东同志对党的思想路线的概括与体现，要求从实际出发，探究事物发展的客观规律。进入脱贫攻坚阶段，中央对我国扶贫开发提出了更高要求（扶贫脱贫"不落一人"），同时扶贫形势出现了新的变化（经济带动减贫效益下降），这就需要在农村贫困治理中坚持实事求是和从实际出发原则，从实际出发，探析贫困现象的客观实在，探寻消除贫困的良方。2016 年 7 月习近平总书记到宁夏视察时指出："发展是甩掉贫困帽子的总办法，贫困地区要从实际出发，因地制宜，把种什么、养什么、从哪里增收想明白，帮助乡亲们寻找脱贫致富的好路子。"

第二，普遍联系与统筹兼顾。 贫困问题的产生并不仅是贫困个体自身的原因，也与资源的拥有和利用、社会制度安排等相关。这就要求要从整体的角度去看待贫困和反贫困，既要从贫困者自身角度提出扶贫方案，也要看到贫困对社会发展全局的影响，将扶贫纳入经济社会发展的规划之中，统筹安排，形成整体联动。习近平总书记指出："我常讲没有贫困地区的小康，没有贫困人口的脱贫，就没有全面建成小康社会。……所以，'十三五'时期经济社会发展，关键在于补齐'短板'，其中必须补好扶贫开发这块'短板'"。

第三，对立统一与重点论。 对立统一规律是唯物辩证法的核心规律，包含事物发展中矛盾双方的统一性与斗争性，矛盾的普遍性与特殊性，矛盾双方发展的不平衡性。从矛盾学说来看，矛盾是普遍存在的又具有特殊性，不同事物的矛盾各有特点，不同的矛盾和矛盾的不同方面在事物发展过程中的地位和作用各自不同，即主要矛盾和次要矛盾、矛盾的主要方面和次要方面；重点论强调分析和解决矛盾必须抓住主要矛盾、矛盾的主要方面，不能"眉毛胡子一把抓"。习近平总书记指出："抓扶贫开发，既要整体联动、有共性的要求和措施，又要突出重点、加强对特困村和特困户的帮扶。"

（2）**习近平关于扶贫工作的重要论述的政治基础**。我国农村贫困人口规模大，贫困程度深，致贫原因复杂。在脱贫攻坚阶段，扶贫干预主体多元、资源投入大，有序、有效推进脱贫攻坚系统工程，需要强有力的组织领导力。党和政府领导和主导、多元力量参与是我国贫困治理的重要特色。党的坚强领导和社会主义制度集中力量办大事的优势，是习近平关于扶贫工作的重要论述的重要政治基础，是实现现有扶贫治理体制机制的重要保障。政治的稳定和优势，转化为我国扶贫开发的规划性和持续性优势。20 世纪 90 年代中期以来，我国实施了《国家八七扶贫攻坚计划（1994—2000 年）》《中国农村扶贫开发纲要（2001—2010 年）》和《中国农村扶贫开发纲要（2011—2020 年）》，长期坚持实施具有共同富裕性质的东西部扶贫协作和定点扶贫，体现了我国在贫困干预上的政治优势和制度优势。脱贫攻坚阶段，脱贫任务重的省份把脱贫攻坚作为"十三五"期间头等大事和第一民生工程来抓，省市县乡村五级书记一起抓扶贫，党政一把手签订脱贫攻坚责任书、立下军令，层层落实责任，实行严格责任制度。同时，向贫困村派出第一书记和驻村工作队，把脱贫攻坚任务落实到"最后一公里"，不脱贫就不脱钩。

（3）**习近平关于扶贫工作的重要论述的丰富内涵**。习近平精准扶贫的核心是从实际出发，找准扶贫对象，摸清致贫原因，因地制宜，分类施策，开展针对性帮扶，实现精准扶贫、精准脱贫。从扶贫工作开发的内容看，习近平关于扶贫工作的重要论述的内容集中体现在习近平对"扶持谁""谁来扶""怎么扶""如何退"四个核心问题的阐述上。

第一，解决"扶持谁"问题。2015 年 11 月中央扶贫开发工作会议上习近平总书记指出："要坚持精准扶贫、精准脱贫。……要解决好'扶持谁'的问题，确保把真正的贫困人口弄清楚，把贫困人口，贫困程度、致贫原因等搞清楚，以便做到因户施策、因人施策。"解决"扶持谁"的问题，要求实现"扶持对象精准"，具体工作内容为精准识别和精准管理。2013 年底，中办、国办印发《关于创新机制扎实推进农村扶贫开发的意见》，提出由国家统一制定识别办法，并按照县为单位规模控制、分级负责、精准识别、动态管理的原则，开展贫困人口识别、建档立卡和建立全国扶贫信息网络系统等工作，2014 年 5 月，国务院扶贫办等中央部门联合印发关于建档立卡、建立精准扶贫工作机制等文件，对贫困户和贫困村建档立卡的目标、方法和步骤、工作要求等做出部署。2014 年 4 月至 10 月，全国组织 80 万人深入农村开展贫困识别和建档立卡工作，共识别 12.8 万个贫困村 8 962 万贫困人口，建立起全国扶贫开发信息系统。2015 年 8 月至 2016 年 6 月，全国动员近 200 万人开展建档立卡"回头看"，补录贫困人口 807 万，剔除识别不准人口 929 万，较好地解决了"扶持谁"的问题。

第二，解决"谁来扶"问题。习近平总书记指出："要解决好'谁来扶'的问题，加快形成中央统筹、省（自治区、直辖市）负总责市（地）县抓落实的扶贫开发工作机制，做到分工明确、责任清晰任务到人、考核到位。"近年来，我国建立起脱贫攻坚责任体系。中央出台《省级党委和政府扶贫开发工作成效考核办法》，脱贫攻坚任务重的省份的党政主要负责人向中央签署脱贫责任书，层层签订脱贫责任书、立下军令状，形成省市县乡村五级书记抓扶贫工作格局。要求普遍建立干部驻村帮扶制度，截至 2016 年末，全国共选派 77.5 万名干部驻村帮扶、19.5 万名优秀干部到贫困村和基层组织薄弱涣散村担任第一书记，解决扶贫"最后一公里"难题。东西扶贫协作深化，结对关系调整完善。东部 267 个经济较强县（市、区）结对帮扶西部 406 个贫困县，中央层面共有 320 个单位定点帮扶 592 个贫困县，实施"百县万村"行动、"万企帮万村"等社会扶贫。

第三，解决"怎么扶"问题。习近平总书记指出："要解决好'怎么扶'的问题，按照贫困地区和贫困人口的具体情况，实施'五个一批'工程。""要提高扶贫措施有效性，核心是因地制宜、因人因户因村施策，突出产业扶贫，提高组织化程度，培育带动贫困人口脱贫的经济实体。"推进精准帮扶工作是解决"怎么扶"问题的重点要实现"项目安排精准、资金使用精准、因村派人精准"。瞄准建档立卡贫困对象，建立需求导向的扶贫行动机制，深入分析致贫原因逐村逐户制定帮扶计划，专项扶贫措施与精准识别结果和贫困人口发展需求相衔接。2015 年 11 月，《中共中央国务院关于打赢脱贫攻坚战的决定》印发，为进一步阐明精准扶贫、精准扶贫方略，中办、国办出台了 11 个配套文件。2016 年 12 月，国务院印发《"十三五"脱贫攻坚规划》。自实施精准扶贫以来，中央和国家机关各部门共出台 118 个政策文件或实施方案，各地方相继出台和完善"1+N"的脱贫攻坚系列文件。需求导向、动员参与、有效对接的扶贫脱贫帮扶体系业已形成。

第四，解决"如何退"问题。习近平总书记指出："精准扶贫是为了精准脱贫。要设定时间表，实现有序退出，既要防止拖延病，又要防止急躁症。要留出缓冲期，在一定时间内实行摘帽不摘政策。要实行严格评估，按照摘帽标准验收。要实行逐户销号，做到脱贫到人，脱没脱贫要同群众一起算账，要群众认账。"2016 年 4 月，中办、国办印发《关于建立贫困退出的意见》，对贫困户、贫困村、贫困县退出的标准，程序和相关要求做出细致规定，为贫困人口退出提供制度保障。严格实施考核评估制度，组织开展省级党委和政府扶贫工作成效考核，就各地贫困人口识别和退出准确率、因村因户帮扶工作群众满意度、"两不愁三保障"实现情况等开展第三方评估；结合收集的情况和各省总结，按照定性定量相结合，第三方评估数据与部门数据相结合、年度考核与平时掌握情况相结合的原则，对各省（自治区、直辖市）脱贫攻坚成效开展综合分析，形成考核意见；对综合评价好的省份通报表扬，对综合评价较差且问题突出的省份，约谈党政主要负责人，对综合评价一般或发现某些方面问题突出的省份，约谈分管负责人；将考核结果作为省级党委、政府主要负责人和领导班子综合考核评价的重要依据。

4. 习近平关于扶贫工作的重要论述的价值意义

（1）习近平关于扶贫工作的重要论述的国内价值

第一，扶贫理论创新的指导思想。我国扶贫开发步入攻坚拔寨重要时期，贫困问题的复杂性、艰巨性前所未有，扶贫理论创新迫切。习近平关于扶贫工作的重要论述的理论指导价值体现在建构综合性扶贫治理、内生型反贫困理论等方面。习近平总书记强调，要将条件差、基础弱、贫困程度深的深度贫困地区和贫困人口作为扶贫开发的重点，分类施策，实施"五个一批"扶贫开发路径，要因地制宜，因人因户因村施策。这就要求在反贫困理论创新中探索综合性扶贫理论：在对贫困问题复杂性深刻认识的基础上，既要注重分析致贫的共性要素，以共性要素为依据，因地制宜探索多层次扶贫脱贫路径；又要考虑到贫困个体致贫的具体因素，开展多层次、精细化的针对性帮扶。习近平总书记指出："防止返贫和继续攻坚同样重要，已经摘帽的贫困县、贫困村、贫困户，要继续巩固，增强'造血'功能，建立健全稳定脱贫长效机制。""要加强基层基础工作，要加强贫困村两委建设，深入推进抓党建促脱贫攻坚工作，选好配强村两委班子，培养农村致富带头人，促进乡村本土人才回流，打造一支'不走的扶贫工作队'"。贫困人口实现自我发展是扶贫的根本，要把扶贫与扶志、扶贫与扶智相结合，激发内生发生动力，建立长效脱贫机制。这就要求扶贫理论创新要将贫困地区和贫困人口的内生发展摆在更加突出的位置，着力探讨培育贫困群众内源发展的治理机制，为实现贫困人口自我发展提供理论依据。

第二，脱贫攻坚实践创新的行动指南。脱贫攻坚时期，农村贫困人口规模庞大，贫困程度深，致贫因素复杂，返贫现象较为突出，并呈现结构化趋势。贫困问题的解决，除了要下更大的决心和投入更多的资源外，更追求需要合理、有效的扶贫围治理新方略。习近平关于扶贫工作的重要论述中的"扶真贫、真扶贫、真脱贫"要求为脱贫攻坚阶段扶贫开发明确了工作目标；"六个精准"论述为扶贫工作方式转变提供了方向和着力点，"五个一批"脱贫路径论述为扶贫工作指明了工作重点任务；对"扶持谁、谁来扶、怎么扶、如何退"问题的阐述为扶贫开发体制机制创新、建构等都具有极大的指导价值。

（2）习近平关于扶贫工作的重要论述的国际价值。习近平总书记指出："在实践中，我们形成了不少有益经验，概括起来主要是加强领导是根本、把握精准是要义、增加投入是保障、各方参与是合力、群众参与是基础。……这些经验弥足珍贵，要长期坚持。"习近平关于扶贫工作的重要论述的国际减贫价值体现在以下方面。

一是以实施综合性扶贫策略回应发展中国家贫困问题的复杂化和艰巨性。从全球范围看，致贫原因多元化，差异化是普遍存在，贫困问题复杂性增加，单一力量或单一减贫措施面对复杂贫困问题时很难取得突破性成绩。在贫困治理中，以扶贫对象需求为导向、分类施策，采取针对性扶贫措施，扶贫资源供给与扶贫对象需求有效衔接。注重扶贫的综合性与精准度相结合，制定综合性扶贫脱贫思路，实施精准扶贫和实现精准脱贫。

二是发挥政府在减贫中的主导作用，以回应全球经济增长带动减贫弱化的普遍趋势。习近平关于扶贫工作的重要论述中将加强政府引导和主导作用作为减贫成效提升的根本。在精准扶贫实践中，我国政府主导了贫困瞄准、贫困干预、脱贫成效评估等减贫全过程。除不断加大投入之外，通过"中央统筹、省负总责、市（地）县抓落实"管理机制提升政府扶贫整体效能，激发强大的扶贫动能，构筑多元主体参与扶贫格局。

三是自上而下与自下而上结合的贫困识别机制，解决了贫困瞄准的世界难题。国际上贫困识别方法主要有自上而下的识别方法（如个体需求评估法）和自下而上的贫困识别方法（如以社区为基础的瞄准方法）且在单独运用中都存在一定的局限性。贫困的识别是一项专业性强、复杂性高的技术性工作。基层干部往往难以胜任贫困识别的专业性工作同时，在贫困规模庞大的情况下，采用一家一户的家计调查的贫困识别成本高、耗时长，且难以排除贫困变动对识别精准的干扰。采取统计部门抽样测算贫困规模、自上而下逐级分解贫困指标的方法较好地保证了贫困识别的科学性。农户自愿申请、民主评议等自下而上的识别机制能提高贫困识别的群众参与度和监督效果，较好地保证贫困识别的真实性。在习近平关于扶贫工作的重要论述指导下，我国逐步形成和完善了自上而下（指标规模控制、分级负责、逐级分解）与自下而上（村民民主评议）相结合的精准识别机制，对国际减贫瞄准方法的完善具有积极的意义。

（二）精准扶贫顶层设计的总体框架

改革开放以来，我国的农村扶贫工作经历了从依赖整体性经济体制改革带动到有组织、有计划、大规模扶贫开发战略实施的转变历程。党的十八大以来，以习近平同志为核心的党中央担当起实现中华民族伟大复兴的历史重任，高度重视农村扶贫开发工作，创造性地提出并实施精准扶贫、精准脱贫方略，谱写出我国农村贫困治理的新篇章。当前，脱贫攻坚"四梁八柱"性质的顶层设计已经基本形成，这些顶层设计集中体现出我国的贫困治理迈向理性化和现代化。概括来讲，精准扶贫顶层设计主要包括做到"六个精准"、实施"五个一批"，目的是要解决"扶持谁""谁来扶""怎么扶""如何退"等四个问题。

1. 做到"六个精准"

（1）**扶持对象精准**。扶持对象精准要解决的是我国扶贫开发过程中扶持对象不确定，不精准的问题。新中国成立以来我国的扶贫开发经历了以经济发展带动贫困人口脱贫到大规模扶贫开发战略实施的转变，但是一直以来扶贫瞄准机制往往都是悬浮在区域、县、村等层面，没有直接针对贫困户和贫困人口。自 2014 年 4 月开始，通过总体指标控制和社区民主评议的方式国家在农村进行建档立卡，识别出贫困村、贫困户和贫困人口，又通过 2015 年 8 月至 2016 年 6 月开展的建档立卡"回头看"补录和剔除一部分贫困人口，前所未有地实现了扶持对象的精准。另外，国家通过完善扶贫成效考核机制、实施贫困县退出检查评估等，对贫困人口实行有进有出的动态管理，确保了"扶真贫"。

（2）**项目安排精准**。项目安排精准要解决的是我国扶贫开发过程中项目安排不合理、不精准的问题。长期以来，对基层而言，扶贫开发即意味着给项目、给资金，"项目下乡"成为推动农村扶贫开发、撬动贫困地区脱贫解困的重要杠杆。但是，项目安排是否符合贫困人口的脱贫需求，是否符合当地的经济社会发展条件，是否遵循市场规律，则没有得到很好的回应，导致许多项目安排的失效和失败，出现项目资金浪费或流失。项目安排精准要求以问题和需求为导向，聚焦项目的瞄准机制、实现项目的精确落地，确保项目的益贫效应。以问题和需求为导向就需要在精准识别阶段摸清贫困人口的致贫原因，针对不同的致贫原因对症下药，安排差异化的扶持项目。

（3）资金使用精准。资金使用精准要解决的是我国扶贫开发过程中资金使用不精准、效率低和资金管理不到位等问题。以往的各类扶贫资金（包括专项扶贫资金和部门扶贫资金）的管理方式缺乏足够的灵活性，地方政府缺乏资金使用的自主权，难以做到精准扶贫。为了保证资金安全和便于审计，往往对资金的用途，使用的方式，扶持的标准规定过死，导致一些贫困户需要的项目没有资金来源，不需要的项目却安排了资金，大大降低了扶贫资金的使用效率。为解决过去"打酱油的钱不能买醋"这一问题，国务院办公厅出台《关于支持贫困县开展统筹整合使用财政涉农资金试点的意见》，财政部、国务院扶贫办印发《关于做好2017年贫困县涉农资金整合试点工作的通知》；为加强专项扶贫资金的管理，财政部等部门联合印发《中央财政专项扶贫资金管理办法》。这些文件的出台，进一步规范了扶贫资金的使用和管理，提高了扶贫资金的使用绩效。

（4）措施到户精准。措施到户精准要解决的是我国扶贫开发过程中扶贫措施不到户、"大呼隆"、单一化等不精准的问题，重点在于探索和建立差异化的贫困户受益机制。实施精准扶贫之前，我国的农村扶贫开发瞄准区域、县、村层级，最低的层级是村，整村推进是各地在村一级开展扶贫工作的基本做法，往往是基础设施上投入一点，产业扶贫上投入一点，不少项目在贫困村带有普惠性质，如撒胡椒面一般，基本没有到户到人的具体措施。精准扶贫方略实施以来，中央出台的各个具体文件中都体现了"到户到人""分类施策"的基本要求。通过建档立卡、精准识别，要求措施到户精准、因地制宜、分类指导，根据贫困村的资源禀赋和贫困户的致贫原因，实行"一村一策、一户一法"，逐村制定规划和年度计划，逐户制定有针对性的帮扶措施，着力解决贫困村、贫困户脱贫中的突出问题。

（5）**因村派人精准**。因村派人精准要解决的是我国扶贫开发过程中农村基层党组织涣散、战斗力不强的问题，目的在于增强村级实施精准扶贫的能力。贫困村经济社会发展较为落后，干部队伍老化、素质不高，贫困治理能力较弱。因此，为解决好村一级"谁来扶"的问题，2013年底，中共中央办公厅、国务院办公厅印发了《关于创新机制扎实推进农村扶贫开发工作的意见》，要求把健全干部驻村帮扶机制作为六项扶贫开发工作机制创新之一，建立驻村工作队制度，确保每个贫困村都有驻村工作队，每个贫困户都有帮扶责任人。2015年4月，中央组织部、中央农办、国务院扶贫办印发《关于做好选派机关优秀干部到村任第一书记工作的通知》。该意见印发至今，全国共选派77.5万名干部驻村帮扶、19.5万名优秀干部到贫困村和基层组织薄弱涣散村担任第一书记，切实加强了贫困村村级组织的建设，提高了基层组织贫困治理的能力。2016年2月，中共中央办公厅、国务院办公厅印发《省级党委和政府扶贫开发工作成效考核办法》，其中不少考核指标都与干部驻村帮扶工作直接相关，进一步将帮扶主体纳入严格考评的范围。

（6）**脱贫成效精准**。脱贫成效精准要解决的是我国扶贫开发过程中扶贫成效不明确、脱贫退出不精准的问题，或者说是"如何退"的问题。2016年2月，中共中央办公厅、国务院办公厅印发《省级党委和政府扶贫开发工作成效考核办法》，明确提出了成效考核的四大内容，包括减贫成效、精准识别、精准帮扶和扶贫资金。2016年4月，中共中央办公厅、国务院办公厅印发《关于建立贫困退出机制的意见》，提出要以坚持实事求是、坚持分级负责、坚持规范操作、坚持正向激励的原则，严格贫困人口、贫困村和贫困县退出的基本标准和程序，确保脱贫退出的精准。2017年以来，习近平总书记在多个场合提出要实行"最严格"的考核评估，做到"脱贫结果必须真实，让脱贫成效真正获得群众认可、经得起实践和历史检验"，并指出要"建立健全稳定脱贫长效机制，坚决制止扶贫工作中的形式主义"，这些讲话精神也是确保脱贫成效精准的重要遵循。

2. 实施"五个一批"

（1）**特色产业扶贫**。发展产业脱贫一批是精准扶贫的重要途径。《中共中央、国务院关于打赢脱贫战的决定》《"十三五"脱贫攻坚规划》均对发展特色产业促进脱贫进行了部署，《贫困地区发展特色产业促进精准脱贫指导意见》进一步做出了较为细致的安排，提出了比较系统的政策措施。要做好特色产业扶贫，关键要做到以下三个方面。

一是要选好选准特色产业。《中共中央、国务院关于打赢脱贫攻坚战的决定》提出要重点支持贫困村、贫困户因地制宜发展种养业。《贫困地区发展特色产业促进精准脱贫指导意见》指出要科学确定特色产业科学分析贫困县资源禀赋、产业现状、市场空间、环境容量、新型主体带动能力和产业覆盖面，选准适合自身发展的特色产业。

二是要发挥新型经营主体的带动作用。《中共中央、国务院关于打赢脱贫攻坚战的决定》提出要加强贫困地区农民合作社和龙头企业培育，发挥其对贫困人口的组织和带动作用，强化其与贫困户的利益联结机制。《贫困地区发展特色产业促进精准脱贫指导意见》也强调要培育壮大贫困地区种养大户、农民合作社、龙头企业等新型经营主体，支持通过土地托管、牲畜托养、吸收农民土地经营权入股等途径，与贫困户建立稳定的带动关系，带动贫困户增收。支持新型经营主体向贫困户提供全产业链服务，切实提高产业增值能力和吸纳贫困劳动力就业能力。

三是要强化产业扶贫的支持政策。在财政金融领域，《贫困地区发展特色产业促进精准脱贫指导意见》提出鼓励金融机构创新符合贫困地区特色产业发展特点的金融产品和服务方式，鼓励地方积极创新金融扶贫模式，积极发展特色产品保险，探索开展价格保险试点，鼓励保险机构和贫困地区开展特色产品保险和扶贫小额贷款保证保险；《关于加大贫困地区项目资金倾斜支持力度促进特色产业精准扶贫的意见》提出允许国家级贫困县以主导产业为依托，打捆申报项目，促进涉农资金在贫困县整合，为产业精准扶贫提供了强有力的资金支持；《关于金融助推脱贫攻坚的实施意见》指出各金融机构要立足贫困地区资源禀赋，产业特色，积极支持能吸收贫困人口就业、带动贫困人口增收的绿色生态种养业、经济林产业、林下经济等特色产业发展；支持带动贫困人口致富成效明显的新型农业经营主体。在科技与人才领域，《中共中央、国务院关于打赢脱贫攻坚战的决定》提出要加大科技扶贫力度，深入推行科技特派员制度，强化贫困地区基层农技推广体系建设，加强新型职业农民培训；积极推进贫困村创业致富带头人培训工程；《贫困地区发展特色产业促进精准脱贫指导意见》提出要健全科技和人才支撑服务体系；加大贫困地区新型职业农民培育和农村实用人才带头人培养力度。在电子商务和流通领域，《贫困地区发展特色产业促进精准脱贫指导意见》指出要改善流通基础设施，大力发展电子商务，建立农产品网上销售、流通追溯和运输配送体系；《关于促进电商精准扶贫的指导意见》提出要推动"名特优新""三品一标""一村一品"农产品和休闲农业上网营销；制定适应电子商务的农产品质量、分等分级、产品包装、业务规范等标准，推进扶贫产业标准化、规模化、品牌化。

（2）**转移就业脱贫**。《中共中央、国务院关于打赢脱贫攻坚战的决定》中明确提出，将引导劳务输出脱贫作为新时期脱贫攻坚的重要方式之一。转移就业脱贫的顶层设计主要包括两个方面，一是劳务输出，二是返乡创业。

劳务输出是转移就业扶贫的重要内容。一方面，必须对农村外出务工人员开展技能培训，使他们能够掌握在城市就业的基本技能；另一方面，则要制定政策措施，保障流入城市的贫困农民工的各种合法权益。近一年来，相关中央文件对技能培训和农民工权益保护做了进一步的规划和部署。《"十三五"脱贫攻坚规划》中指出要大力开展职业培训完善劳动者终身职业技能培训制度；针对贫困家庭中有转移就业愿望的劳动力、已转移就业劳动力，新成长劳动力的特点和就业需求，开展差异化技能培训；整合各部门各行业培训资源，创新培训方式，以政府购买服务形式，通过农林技术培训、订单培训、定岗培训、定向培训、"互联网＋培训"等方式开展就业技能培训、岗位技能提升培训和创业培训，加强对贫困家庭妇女的职业技能培训和就业指导服务。支持公共实训基地建设。同时，规划还强调要保障转移就业贫困人口的合法权益，加强对转移就业贫困人口的公共服务，输入地政府对已稳定就业的贫困人口予以政策支持，将符合条件的转移人口纳入当地住房保障范围，完善随迁子女在当地接受义务教育和参加中高考政策，保障其本人及随迁家属平等享受城镇基本公共服务。支持输入地政府吸纳贫困人口转移就业和落户，为外出务工的贫困人口提供法律援助。2016 年 12 月 2 日，人力资源和社会保障部、财政部、国务院扶贫办联合印发了《关于切实做好就业扶贫工作的指导意见》，明确指出要促进稳定就业各地要切实维护已就业贫困劳动力的合法权益，指导督促企业与其依法签订并履行劳动合同、参加社会保险、按时足额发放劳动报酬、积极改善劳动条件、加强职业健康保护。

返乡创业是转移就业的另一项重要内容。《"十三五"脱贫攻坚规划》中指出要实施农民工等人员返乡创业培训五年行动计划（2016—2020 年），推进建档立卡贫困人口等人员返乡创业培训工作，到 2020 年，力争使有创业要求和培训愿望、具备一定创业条件或已创业的贫困家庭农民工等人员，都能得到 1 次创业培训。2016 年 12 月 2 日，人力资源和社会保障部印发了《关于切实做好就业扶贫工作的指导意见》，特别强调要鼓励农民工返乡创业、当地能人就地创业、贫困劳动力自主创业，支持发展农村电商、乡村旅游等创业项目，切实落实各项创业扶持政策，优先提供创业服务。

（3）**资产收益扶贫**。资产收益扶贫是新阶段我国在扶贫开发举措上的重要创新之一，旨在通过充分利用或扩大贫困人口的资产收益，促进贫困人口稳定增收，同时推动贫困地区经济发展。中央通过一系列文件的发布逐步搭建起了资产收益扶贫的政策框架。

《中共中央、国务院关于打赢脱贫攻坚战的决定》将资产收益扶贫作为实施精准扶贫方略、加快贫困人口精准脱贫的重要举措，指出："在不改变用途的情况下，财政专项扶贫资金和其他涉农资金投入设施农业、养殖、光伏、水电、乡村旅游等项目形成的资产，具备条件的可折股量化给贫困村和贫困户，尤其是丧失劳动能力的贫困户。资产可由村集体、合作社或其他经营主体统一经营。要强化监督管理，明确资产运营方对财政资金形成资产的保值增值责任，建立健全收益分配机制，确保资产收益及时回馈持股贫困户。支持农民合作社和其他经营主体通过土地托管、牲畜托养和吸收农民土地经营权入股等方式，带动贫困户增收。贫困地区水电、矿产等资源开发，赋予土地被占用的村集体股权，让贫困人口分享资源开发收益。"2016年10月，国务院办公厅印发《国务院办公厅关于贫困地区水电矿场资源开发资产收益扶贫改革试点方案的通知》（国办发〔2016〕73号），对水电矿产资源开发资产收益扶贫改革试点的总体要求、范围、期限与项目选择、试点内容、保障措施等进行了明文规定。《"十三五"脱贫攻坚规划》中将资产收益扶贫纳入"产业发展脱贫"之中，鼓励和引导贫困户将已确权登记的土地承包经营权、入股企业、合作社、家庭农（林）场，与新型经营主体形成利益共同体，分享经营收益，在贫困地区选择一批项目开展志愿开发资产收益扶贫改革试点，以及实施光伏扶贫工程、水库移民脱贫工程、农村小水电扶贫工程等资产收益扶贫工程。2017年5月，财政部、农业部，国务院扶贫办联合印发《关于做好财政支农资金支持资产收益扶贫工作的通知》（财农〔2017〕52号），从总体要求、明确资产范围、抓好组织实施，强化保障措施等方面对财政支农资金用于支持产业发展的资产收益扶贫工作进行规定。

（4）**易地搬迁脱贫**。易地扶贫搬迁是为了解决"一方水土养不活一方人"的问题而实施的重要脱贫方式。

2015年12月，国家发改委、国务院扶贫办、财政部、国土资源部、中国人民银行联合印发《"十三五"时期易地扶贫搬迁工作方案》，是新一轮易地扶贫搬迁工作的行动指南，明确了易地扶贫搬迁工作的总体要求、搬迁对象与安置方式、建设内容与补助标准、资金筹措、职责分工、政策保障等。方案指出，要坚持群众自愿、积极稳妥方针，坚持与新型城镇化相结合，对居住在"一方水土养不活一方人"地方的建档立卡贫困人口实施易地搬迁，加大政府投入力度，创新投融资模式和组织方式，完善相关后续扶持政策，强化搬迁成效监督考核，努力做到搬得出、稳得住、有事做、能致富，确保搬迁对象尽快脱贫，从根本上解决生计问题。方案提出，要用 5 年时间对"一方水土养不活一方人"地方的建档立卡贫困人口实施易地扶贫搬迁，力争"十三五"期间完成 1 000 万人口搬迁任务，到 2020 年，搬迁对象生产生活条件明显改善，享有便利可及的基本公共服务，收入水平明显提升，迁出区生态环境有效改善，与全国人民一道进入全面小康社会。

2016 年 9 月，国家发展改革委印发《全国"十三五"易地扶贫搬迁规划》，计划 5 年内对近 1 000 万建档立卡贫困人口实施易地扶贫搬迁，着力解决居住在"一方水土养不活一方人"地区贫困人口的脱贫问题。《全国"十三五"易地扶贫搬迁规划》以精准扶贫、精准脱贫为统领，坚持搬迁与脱贫"两手抓"，明确了"十三五"时期推进易地扶贫搬迁的指导思想、目标任务、资金来源、资金运作模式、保障措施等，是各地推进易地扶贫搬迁工作的行动纲领。为促进搬迁群众稳定脱贫，《全国"十三五"易地扶贫搬迁规划》坚持把贫困搬迁户的脱贫工作贯穿于规划选址、搬迁安置、后续发展全过程，立足安置区资源禀赋，依据不同搬迁安置模式，支持发展特色农牧业、劳务经济、现代服务业以及探索资产收益扶贫等方式，确保搬迁群众实现稳定脱贫。

（5）**生态保护扶贫**。建设生态文明是关系人民福祉、关乎民族未来的大计，是实现中华民族伟大复兴的中国梦的重要内容。习近平总书记指出："我们既要绿水青山，也要金山银山。宁要绿水青山，不要金山银山，而且绿水青山就是金山银山。"在贫困地区将生态保护和脱贫攻坚相结合是我国绿色发展理念下的一项创新。《中共中央、国务院关于打赢脱贫攻坚战的决定》明确提出要结合生态保护脱贫，相关部委出台的政策文件进一步细化了生态保护扶贫的顶层设计。

2016年5月，《国务院办公厅关于健全生态保护补偿机制的意见》印发，提出在生存条件差、生态系统重要、需要保护修复的地区，结合生态环境保护和治理，探索生态脱贫新路子。生态保护补偿资金、国家重大生态工程项目和资金按照精准扶贫、精准脱贫的要求向贫困地区倾斜，向建档立卡贫困人口倾斜。重点生态功能区转移支付要考虑贫困地区实际状况，加大投入力度，扩大实施范围。加大贫困地区新一轮退耕还林还草力度，合理调整基本农田保有量。开展贫困地区生态综合补偿试点，创新资金使用方式，利用生态保护补偿和生态保护工程资金使当地有劳动能力的部分贫困人口转为生态保护人员。对在贫困地区开发水电、矿产资源占用集体土地的，试行给原住居民集体股权方式进行补偿。

《"十三五"脱贫攻坚规划》指出，要处理好生态保护与扶贫开发的关系，加强贫困地区生态环境保护与治理修复，提升贫困地区可持续发展能力，逐步扩大对贫困地区和贫困人口的生态保护补偿，增设生态公益岗位，使贫困人口通过参与生态保护实现就业脱贫。

（6）**教育扶贫**。"扶贫先扶智"决定了教育扶贫的基础性地位，"治贫先治愚"决定了教育扶贫的先导性功能，教育扶贫是阻断贫困代际传递的重要手段。

2016年12月，教育部等六部门联合印发《教育脱贫攻坚"十三五"规划》。规划提出，要采取超常规政策举措，精确瞄准教育最薄弱领域和最贫困群体，实现"人人有学上、个个有技能、家家有希望、县县有帮扶"，促进教育强民、技能富民、就业安民，坚决打赢教育脱贫攻坚战。规划指出，要通过发展学前教育、巩固九年义务教育水平、加强乡村教师队伍建设、加大特殊群体支持力度来夯实教育脱贫根基；要通过加快发展中等职业教育、广泛开展公益性职业技能培训来提升教育脱贫能力；要通过积极发展普通高中教育、继续实施高校招生倾斜政策、完善就学就业资助服务体系来拓宽教育脱贫通道；要通过加强决策咨询服务、助推特色产业发展、提高公共卫生服务水平、推进乡风文明建设来拓展教育脱贫空间；要通过激发贫困地区内生动力、加大财政支持力度、实施教育扶贫结对帮扶行动、加大现代信息技术应用、鼓励社会力量广泛参与来集聚教育脱贫力量。

2017 年 1 月，国务院印发《国家教育事业发展"十三五"规划》，提出要打赢教育脱贫攻坚战。**一是要全面推进教育精准扶贫、精准脱贫。**对接农村贫困人口建档立卡数据库，提高教育扶贫精准度，让贫困家庭子女都能接受公平、有质量的教育，阻断贫困代际传递。进一步完善贫困县的教育扶持政策，相关教育项目优先支持贫困县。鼓励地方扩大营养改善计划试点范围，中央财政给予奖补支持，实现集中连片特困地区县、国家扶贫开发工作重点县全覆盖。免除公办普通高中建档立卡等家庭经济困难学生（含非建档立卡的家庭经济困难残疾学生、农村低保家庭学生、农村特困救助供养学生）学杂费，加大对贫困家庭大学生的资助力度。继续对农村和贫困地区学生接受高等教育给予倾斜，让更多困难家庭孩子能够受到良好教育，拥有更多上升通道。**二是要加大职业教育脱贫力度。**启动实施职教圆梦行动计划，省级教育行政部门统筹协调国家示范和国家重点中职学校，选择就业好的专业单列招生计划，针对建档立卡贫困家庭子女招生，确保至少掌握一门实用技能，提升贫困家庭自我发展的"造血"能力。实施中等职业教育协作计划，支持建档立卡贫困家庭初中毕业生到省（区、市）外经济较发达地区接受中等职业教育。**三是要强化教育对口支援。**实施教育扶贫结对帮扶行动，推进省内城镇中小学、优质幼儿园对口帮扶农村中小学、幼儿园，实现每一所贫困地区学校都有对口支援学校。鼓励高水平大学尤其是东部高校扩大对口支援中西部高校范围，加强东部职教集团和国家职业教育改革示范校对口帮扶集中连片特困地区职业学校，继续推进定点联系滇西边境山区工作。

（7）健康扶贫。全国建档立卡信息系统数据显示，贫困人口因病致贫的比例高达44%。保障贫困人口的健康权利，让贫困人口看得起病，不至于因病致贫和因病返贫，对于脱贫攻坚至关重要。中央层面高度重视健康扶贫工作的开展，《中共中央、国务院关于打赢脱贫攻坚战的决定》明确提出，"实施健康扶贫工程，保障贫困人口享有基本医疗卫生服务，努力防止因病致贫、因病返贫"，通过综合施策，形成政策合力，突出问题导向，实施精准扶贫，有效防止因病致贫、返贫。

2016年6月，国家卫生计生委等15个部委联合发布《关于实施健康扶贫工程的指导意见》，提出要"坚持精准扶贫、精准脱贫基本方略，与深化医药卫生体制改革紧密结合，针对农村贫困人口因病致贫、因病返贫问题，突出重点地区、重点人群、重点病种，进一步加强统筹协调和资源整合，采取有效措施提升农村贫困人口医疗保障水平和贫困地区医疗卫生服务能力，全面提高农村贫困人口健康水平，为农村贫困人口与全国人民一道迈入全面小康社会提供健康保障"。意见指明健康扶贫的重点领域是：提高医疗保障水平，切实减轻农村贫困人口医疗费用负担；实行县域内农村贫困人口住院先诊疗后付费；实施全国三级医院与连片特困地区县和国家扶贫开发工作重点县县级医院一对一帮扶；统筹推进贫困地区医药卫生体制改革；加强贫困地区妇幼健康工作；深入开展贫困地区爱国卫生运动。

2017年初发布的《"十三五"卫生与健康规划》中，也明确指出要保障贫困人口享有基本医疗卫生服务，努力防止因病致贫、因病返贫。对符合条件的贫困人口参加城乡居民基本医疗保险个人缴费部分按规定由财政给予补贴。新型农村合作医疗和大病保险制度对贫困人口实行政策倾斜，门诊统筹率先覆盖所有贫困地区。将贫困人口按规定纳入重特大疾病医疗救助范围，对患大病和慢性病的农村贫困人口进行分类救治，建立贫困人口健康卡，明显改善贫困地区医疗服务能力。实施军地三级医院与集中连片特困地区县和国家扶贫开发工作重点县县级医院稳定持续的一对一帮扶，深入推进二级以上医疗机构对口帮扶贫困县乡镇卫生院，积极促进远程医疗服务向贫困地区延伸。

（8）兜底保障。针对农村中无劳动能力或部分丧失劳动能力的贫困户，采取常规的脱贫措施难以奏效，为此《中共中央、国务院关于打赢脱贫攻坚战的决定》提出要完善农村最低生活保障制度，对无法依靠产业扶持和就业帮助脱贫的家庭实行政策性保障兜底。决定出台后，相关部门围绕《决定》出台了一系列政策措施，确保兜底政策能"兜得住"。

2016年2月17日，《国务院关于进一步健全特困人员救助供养制度的意见》印发。《意见》指出：保障城乡特困人员基本生活，是完善社会救助体系、编密织牢民生安全网的重要举措，是坚持共享发展、保障和改善民生的应有之义，也是打赢脱贫攻坚战、全面建成小康社会的必然要求。该意见提出：要按照党中央、国务院决策部署，以解决城乡特困人员突出困难、满足城乡特困人员基本需求为目标，坚持政府主导，发挥社会力量作用，在全国建立起城乡统筹、政策衔接、运行规范、与经济社会发展水平相适应的特困人员救助供养制度，将符合条件的特困人员全部纳入救助供养范围，切实维护他们的基本生活权益。该意见对城乡特困人员救助供养的对象范围、办理程序、救助供养内容、救助供养标准和救助供养形式进行了明确安排。

2016 年 9 月 17 日，国务院办公厅转发民政部等部门《关于做好农村最低生活保障制度与扶贫开发政策有效衔接指导意见》，就切实做好农村最低生活保障制度与扶贫开发政策有效衔接工作进行了制度安排，提出要通过农村低保制度与扶贫开发政策的有效衔接，形成政策合力对符合低保标准的农村贫困人口实行政策性保障兜底，确保到 2020 年现行扶贫标准下农村贫困人口全部脱贫。两项制度有效衔接的重点任务是：政策衔接，在坚持依法行政、保持政策连续性的基础上，着力加强农村低保制度与扶贫开发政策衔接；对象衔接，县级民政、扶贫等部门和残联要密切配合，加强农村低保和扶贫开发在对象认定上的衔接；标准衔接，各地要加大省级统筹工作力度，制定农村低保标准动态调整方案，确保所有地方农村低保标准逐步达到国家扶贫标准；管理衔接，对农村低保对象和建档立卡贫困人口实施动态管理。

《"十三五"脱贫攻坚规划》对兜底保障工作进行了部署，提出要统筹社会救助体系，促进扶贫开发与社会保障有效衔接，完善农村低保、特困人群救助供养等社会救助制度，健全农村"三留守"人员和残疾人关爱服务体系，实现社会保障兜底。

（三）精准扶贫方略对扶贫开发提出的新要求新挑战

从粗放式扶贫到精准扶贫的转变，全方位地改变了我国贫困治理的基本逻辑和运作模式。在中央精准扶贫顶层设计逐步形成和完善过程中，无论是治贫主体、治贫方式还是治贫客体都面临理念、方式、方法的转变，对地方扶贫开发的具体实践带来众多的挑战。对这些挑战的回应直接决定了地方实践的有效性，也影响着精准扶贫战略的实施效果。

1. 治贫主体方面

（1）认识转变：从扶贫济困到全面建成小康社会的转变。
扶贫工作长期以来主要是一项部门的业务工作，其工作职能虽
涵盖专项扶贫、行业扶贫和社会扶贫，但是扶贫部门主要从事
的是专项扶贫工作，干的是扶贫济困"一亩三分田"的事。党
的十八大以来，以习近平同志为核心的党中央高度重视扶贫开
发工作，把扶贫工作提高到了前所未有的高度。2013 年元旦前
夕，习近平总书记到贫困地区和革命老区河北省阜平县看望困
难群众时指出："全面建成小康社会，最艰巨、最繁重的任务在
农村，特别是在贫困地区。没有农村的小康，特别是没有贫困
地区的小康，就没有全面建成小康社会。" 2014 年 12 月，在中
央经济工作会议上，习近平提出了"扶贫工作事关全局，全党
必须高度重视"的新论断。2015 年 6 月 18 日，习近平在贵州召
开部分省区市党委主要负责同志座谈会时强调，"'十三五'时
期是我们确定的全面建成小康社会的时间节点，全面建成小康
社会最艰巨最繁重的任务在农村，特别是在贫困地区"。2015 年
11 月 29 日颁布的《中共中央、国务院关于打赢脱贫攻坚战的决
定》明确指出："扶贫开发事关全面建成小康社会，事关人民福
祉，事关巩固党的执政基础，事关国家长治久安，事关我国国
际形象。"

习近平总书记一系列关于扶贫开发的重要讲话精神和党中
央国务院出台的重要文件表明，扶贫开发已由"局部"性的扶
贫济困业务工作上升为事关"全面建成小康社会"的大局工作，
变成扶贫攻坚任务重的地区各级党委政府的头等大事和第一民
生工程。这首先在认识和观念上对各级党委政府领导干部和相
关扶贫干部等治贫主体提出了更高的要求，要求他们必须从更
高的站位去认识扶贫工作的重要性。只有认识上摆正了扶贫开

发工作的地位，才能在角色上实现转变、行动上符合要求。

（2）角色转变：从扶贫工作管理者向贫困治理协调者的转变。贫困问题的起因错综复杂，贫困问题的治理需要多元协作。精准扶贫、精准脱贫方略实施以前，扶贫领域就强调要形成"专项扶贫、行业扶贫、社会扶贫三位一体"的大扶贫格局，但是各地扶贫系统的职责权限往往还是囿于自身所承担的专项扶贫领域，扶贫开发领导小组虽有各行业部门和社会团体参与，但是扶贫办的协调能力往往有限，无法有效协调和调动各种资源参与扶贫开发，整个社会在扶贫资源利用上的协同性不高。精准扶贫、精准脱贫形成的扶贫体制是一种全新的大扶贫格局，它将扶贫工作上升到各级党委政府的头等大事层面，扶贫开发不再仅仅是扶贫部门的事，而是演变成了各级党委政府的事。而且当前的大扶贫格局要求扶贫攻坚必须"政府、社会、市场协力推进"，这就赋予了各级治贫主体以更多的权限。2016年10月17日，中共中央办公厅、国务院办公厅印发并实施《脱贫攻坚责任制实施办法》，指出"脱贫攻坚按照中央统筹、省负总责、市县抓落实的工作机制，构建责任清晰、各负其责、合力攻坚的责任体系"，"国务院扶贫开发领导小组负责全国脱贫攻坚的综合协调"，进一步明确了扶贫系统作为协调者的角色。

在此情境下，扶贫部门的角色出现重大转变。传统上扶贫部门主要是作为扶贫工作的管理者来开展工作，但是现在扶贫部门成为各级党委政府牵头协调精准扶贫、精准脱贫战略实施的责任单位。这种角色的转变对各级扶贫部门提出了挑战，如果各级治贫主体仍然按照以往的思路开展工作，必然跟不上形势的要求，也很可能会陷入工作上的被动局面，只有迅速及时转变角色，充分认识到扶贫部门在脱贫攻坚体系中的职责所在，才能更好地整合资源、形成合力，更好地服务于精准脱贫的既定目标。

2. 治贫方式

（1）**目标任务：由偏于定性到注重定量的转变**。扶贫开发长期以来以解决贫困人口温饱问题、改善贫困地区基本生产生活条件、提高贫困人口生活质量和综合素质、加强贫困乡村基础设施建设为奋斗目标。这些奋斗目标从定性角度指明了农村扶贫开发努力的总体方向，但没有围绕其建立易操作、可评价的指标体系及相应标准，导致地方扶贫工作在对象瞄准、资源投入等方面没有明确的目标导向，导致农村扶贫工作绩效遭到削弱并陷入"内卷化"的困境，精准扶贫的提出与实施在很大程度上扭转了因工作目标不清晰造成的扶贫工作困境。

从顶层视角看，精准扶贫内含的量化思维与技术取向增强了扶贫攻坚目标的可操作化、明晰化，也推动了中国农村扶贫目标由"偏定性"向"重定量"的转变。首先，《中国农村扶贫开发纲要（2011—2020 年）》蕴含了明显的量化思维，其不仅指出了未来十年我国农村扶贫开发的总体目标是实现贫困人口的"两不愁、三保障"，更以此为核心构建了包括农田水利、特色产业、饮水安全、生产生活用电、交通、危房改造、教育和医疗卫生等多项内容的任务体系，并将任务分解到各个阶段。其次，精准扶贫从量化技术角度针对贫困人口脱贫、贫困村出列及贫困县摘帽制定了具体的标准与评价体系。"两不愁、三保障"不仅在于解决贫困人口的温饱问题，还把为贫困人口提供更有尊严的生活作为贫困村脱贫的目标，以贫困发生率为主要衡量标准，统筹考虑村内基础设施、基本公共服务、产业发展、集体经济收入等综合因素。扶贫目标任务的量化为地方扶贫工作精准发力提供了明确的着力点，也为中央真实准确地评估考核地方扶贫工作成效提供了客观依据。

从地方视角看，扶贫目标的量化转向对地方扶贫政策实施主体在工作内容与工作方式转变方面提出了要求。地方政府不能停留于以往仅靠政策兜底保障贫困人口基本温饱的简单思路，而应切实根据新的目标体系将农村扶贫开发工作与基本生活保障、能力建设、基本公共服务"五位一体"发展战略等相结合，促进精准脱贫与整体发展。量化目标的客观性与严格性也对地方精准扶贫营造了压力型政策情景，地方应最大限度实现精准扶贫数字层面的形式目标与精准脱贫的实质性目标相契合，需警惕为应对"压力型体制"而产生的数字脱贫、形式脱贫。

（2）扶持方式：从大水漫灌到精准滴灌的转变。中国政府自有组织有计划地实施大规模扶贫开发战略以来，长期遵循开发式思路，其隐含了区域经济整体发展必然带动贫困人口生产生活条件改善和脱贫增收的潜在假设，在扶贫资源项目瞄准上，也以片区、贫困县、贫困村等整体性单位为主要对象。开发式扶贫在推动落后地区整体经济发展方面取得了一定成效，但由于其工作思路本身及应对扶贫形势转变等方面的不足，扶贫工作难以取得突破性进展。从扶贫开发工作绩效看，整体发展与贫困人口个体脱贫间并不存在强逻辑关联，大水漫灌式的扶贫方式最终惠及的贫困人口及程度甚为有限。另外，随着市场化改革与扶贫工作成效的凸显，农村贫困逐渐由整体性贫困向个体性贫困转型，而以整体扶持为手段的开发式扶贫越来越难以适应以个体性异质性为特征的贫困形势。由此，扶贫方式从大水漫灌到精准滴灌的转型成为必然选择。

"精准滴灌"的目的是促进扶贫资源与贫困人口的有效对接，并提升扶贫政策与帮扶措施满足贫困人口真实需求的能力。精准扶贫通过精准识别、精准帮扶、精准管理和精准考核等一系列举措保障扶贫资源（政策、资金、项目等）瞄准到户、"滴灌"到人。首先，精准识别以国家基准贫困线为标准、以"两不愁、三保障"为核心内容，并综合考虑家庭成员发展能力、生活环境、致贫原因、返贫可能与脱贫机会等因素，通过专家识别与村民参与式评价、民主评议与集中决策相结合，以及反复实地调研与精准识别"回头看"等方式，国务院扶贫办于2015年10月召开新闻发布会，指出我国还有7 017万现行标准下的贫困人口。其次，精准帮扶通过在项目安排、资金使用、调动力量与选人用人等方面的精准到位保障实现精准滴灌式扶贫。然后，在对贫困户信息、扶贫资金与帮扶责任进行科学管理的基础上保证"精准滴灌"的目标准确性与过程合理性。最后，通过精准考核对"滴灌式"扶贫方式成效进行科学合理考评，充分合理使用考评结果对改进下一步扶贫工作大有助益。

（3）考核评估：由系统内考核评估为主向内外考核评估相结合的转变。扶贫成效考核评估是扶贫工作绩效管理的重要环节。长期以来，扶贫成效的考核任务主要由扶贫系统内部及相关政府部门承担，考评主体与对象均属官僚系统内部成员。基于科层体制的考核评估直接与考评对象工作绩效、个人升迁等利益挂钩，因而具有引导、监督与调整等功能。但是，政府系统内部考评的封闭性使得扶贫成效考评成为政府部分自说自话和自卖自夸的游戏，缺少贫困主体对扶贫成效的参与式评估，造成群众对政府内部考评结果的认可度低。另外，官僚制系统内部一直存在"上有政策、下有对策"和上下级政府间"'考核检查'与'应对'"的组织悖论，使得系统内部考评过程的合理性、结果的真实性受到削弱。由此，欲使精准扶贫工作与成效经得住历史考验、老百姓认账，就必须吸纳独立于政府部门的社会组织和机构对扶贫成效进行第三方评价。

2016年2月，中共中央办公厅、国务院办公厅印发《省级党委和政府扶贫开发工作成效考核办法》，并明确提出将第三方评估数据引入对中西部22个省（自治区、直辖市）党委和政府扶贫开发工作成效的考核工作中。精准扶贫第三方评估主体的引入，突破了以往的封闭式考评体制，丰富了评估主体，并建立起一种扶贫开发内部评价与外部评价结合的政府绩效评价体系。汪三贵等人认为，"第三方评估有其特有的独立性、专业性、权威性，通过第三方扶贫绩效评估，能够改变以往扶贫部门既当'运动员'又当'裁判员'，还当'监督员'的角色定位"。而且，第三方评估作为外部评估机制，通过实地考察、召开座谈会、组织问卷调查、走基层听民声等多种有效方式来倾听群众对精准扶贫的意见和建议，能更客观公正地了解精准扶贫是不是"纸上谈兵"，从而有效推进政府精准扶贫在治理上的优化。同时，第三方外部评估机制通过科学设计、实施评估方案，可有效弥补系统内部自我评估过程中的权力寻租和上下级"共谋"等组织缺陷，提升评估的客观性、有效性。

内外部考核评估机制虽是政府绩效管理的重要趋势，但目前仍处于探索阶段，第三方机构在评估过程中的角色定位有待进一步厘清，评估基本流程与规范需进一步明确；同时，地方政府应顺应国家治理机制改革趋势并及时调整观念，准确认识第三方评估机构的职责、角色与功能，合理看待与处理双方关系。

3. 治贫客体

（1）**对象瞄准：从到县到村向到户到人的转变。**中国扶贫工作的重要特征是扶贫目标群体性瞄准机制，群体性瞄准机制的瞄准对象包括县、村两个层面。1986 年国家首次确定了贫困县标准，1994 年《国家八七扶贫攻坚计划》强化了国定贫困县瞄准，并上调了国定贫困县标准。扶贫资金的县级瞄准在一定程度上做到了集中有限的资源，重点解决贫困问题更突出地区的贫困问题，但由于扶贫重点县没有覆盖全部贫困人口，必然造成扶贫政策难以惠及非国定贫困县的贫困人口。进入 21 世纪后，贫困人口逐渐从区域分布转向点状分布，而且"八七扶贫攻坚"成效显现，贫困县贫困人口数量及贫困发生率下降迅速，若再坚持县级瞄准机制，势必会造成扶贫资源的渗漏和目标瞄准的偏离，由此，扶贫开发工作瞄准对象开始向村级调整。2001年9月，中央政府把参与式村级扶贫规划作为推动"整村推进"工作的主要理念和方法，以实施村级扶贫规划为主要内容的整村推进，标志着扶贫资金分配开始由县级瞄准向村级瞄准转移，进而覆盖更多的贫困人口。但也有研究发现，尽管我国扶贫开发重点村的选择对贫困村有较高的瞄准率，但不同类型的扶贫资金的使用在村级瞄准上仍有较大的差异性，而在村内依托项目进行的目标瞄准，则出于捆绑条件等原因往往不能覆盖贫困群体的大多数。2013年，中央将精准扶贫作为新形势下农村扶贫工作的战略思想与工作机制，确定了扶贫资源到户到人的工作机制。例如，贫困户产业扶贫资金必须到户，必须吸纳规定数量的贫困户参与扶贫政策规定，进一步强化了扶贫资源与贫困户、贫困人口的直接对接。

到户到人的扶贫瞄准机制对地方扶贫工作思路与方式提出了新要求：其一要强化政策落实，确保扶贫政策到户到人；其二要正确处理整体推进与精准到户到人两者的关系，保障整体增长与个体发展协调共进，其三要进一步强化贫困人口精神与能力方面的贫困，增强贫困人口在精准脱贫中的主体性价值。

（2）发展模式：从"输血式"外源性发展向"造血式"内生性发展的转变。贫困治理的最终目标是帮助贫困人口与地区走出发展困境，踏上发展的阶梯。从发展动力看，贫困人口及地区的发展模式主要有两种：其一是外源性发展，主体缺乏发展动力，主要依赖来自政府、社会等外部主体的资源输入实现发展；其二是内源性发展，主体自身具有较强的发展动力，并充分利用内外部资源实现自身发展。扶贫开发是政府将大量发展性资源向贫困地区和贫困人口输入的过程。根据政府资源输入是否及多大程度上促进贫困主体发展动力与发展能力提升的差异，可将其分为"输血式"扶贫与"造血式"扶贫，前者将物资输入视为目的，后者则视其为促进贫困主体发展能力提升的手段。结合以上两种分类，从贫困治理客体角度出发，中国扶贫发展模式经历了从"输血式"外源性发展向"造血式"内生性发展的转变。

"输血式"扶贫模式在我国农村扶贫工作中占有重要地位。这种模式向贫困人口直接输入物资和货币以改善其生活生产条件，忽视对贫困人口发展动力与能力的提升，造成贫困人口只能依赖扶贫资金的"输血"维持低水平均衡状态。精准扶贫更强调"扶贫先扶智"，从发展意志与发展能力两方面双管齐下，通过干部帮扶、能人带动、思想动员等方式改变"意志贫困"状态，通过产业扶持、就业技能培训、扶贫小额贷款等多元化政策举措帮助有劳动能力的贫困人口实现能力提升。地方政府要准确理解精准扶贫战略思想，杜绝"一兜了之"思想，积极探索贫困人口产业参与、产业发展与贫困人口利益链接机制。

（四）精准扶贫实践成效和存在的问题

在习近平关于扶贫工作的重要论述指引下，精准扶贫、精准脱贫方略实施以来，我国的扶贫开发取得了巨大的成效。与此同时，由于面临治贫主体、治贫方式和治贫客体等多方面的挑战，加之越往后扶贫难度越大，精准扶贫方略在实施过程中暴露出一些问题，亟待解决。

1. 精准扶贫方略实施以来的扶贫开发成效

2013年底，以中共中央办公厅、国务院办公厅《关于创新机制扎实推进农村扶贫开发的意见》为标志，我国开始实施精准扶贫。以《关于打赢脱贫攻坚战的决定》为标志，在全国范围全面实施精准扶贫精准脱贫方略。至 2016 年底，我国精准扶贫取得显著成效。

一是农村贫困人口大幅减少，贫困发生率持续下降。按现行国家农村贫困标准（2010 年价格水平每人每年 2 300 元）测算，全国农村贫困人口由 2012 年的 9 899 万人减少至 2016 年的 4 335 万人，累计减少 5 564 万人，平均每年减少 1 391 万人；全国农村贫困发生率由 2012 年的 10.2% 下降至 2016 年的 4.5%，下降 5.7 个百分点。内蒙古、广西、贵州、云南、西藏、青海、宁夏、新疆等民族八省区农村贫困发生率从 2012 年的 21.1% 下降到 2016 年的 9.4%，累计下降 11.7 个百分点。贫困规模从 2012 年的 3 121 万人减少到 2016 年的 1 411 万人，累计减少 1 710 万人，下降幅度为 54.8%。

二是贫困地区农村居民收入保持快速增长，增速持续高于全国农村平均水平。2016 年，贫困地区农村居民人均可支配收入 8 452 元，名义水平是 2012 年的 1.6 倍；扣除价格因素，实际水平是 2012 年的 1.5 倍。2013—2016 年贫困地区农村居民人均收入连续保持两位数增长扣除价格因素，年均实际增长 10.7%。其中，扶贫开发工作重点县农村居民人均可支配收入 8 355 元，是 2012 年的 1.65 倍；扣除价格因素影响，实际水平是 2012 年的 1.52 倍，是 2010 年的 2 倍，扶贫开发工作重点县农村居民收入提前实现翻番目标。2013—2016 年，贫困地区农村居民人均可支配收入年均实际增速比全国农村平均水平高 2.7 个百分点。扶贫开发工作重点县年均实际增长 11%，比全国农村平均水平高 3.1 个百分点。2016 年贫困地区农村居民人均可支配收入是全国农村平均水平的 68.4%，比 2012 年提高了 6.2 个百分点。农村居民就业机会增多，工资性收入占比提高。2016 年贫困地区农村居民人均工资性收入 280 元，与 2012 年相比，年均增长 16.5%，占可支配收入的比重为 34.1%，比 2012 年提高 4.1 个百分点。统计数据显示，贫困地区农村居民人均收入对传统农业依赖下降，收入来源日益多元化。

三是贫困地区农村居民生活消费水平持续提高，质量不断改善。2016 年贫困地区农村居民人均消费支出 7 331 元，与 2012 年相比，年均增长 1.7%，且连续四年保持两位数增长，扣除价格因素，年均实际增长 9.6%。消费结构明显优化，吃饭穿衣支出占比下降。居住条件不断改善，2016 年贫困地区农村居民户均住房面积为 137.2 平方米，比 2012 年增加 19.1 平方米。耐用消费品升级换代，传统耐用消费品拥有量稳步提高。

四是贫困地区农村生活条件得到改善，教育文化医疗水平明显提高。①基础设施条件不断完善。截至 2016 年，贫困地区通电的自然村接近全覆盖；通电话的自然村比重达到 98.2%，比 2012 年提高 4.9 个百分点；通有线电视信号的自然村比重为 81.3%，比 2012 年提高 12.3 个百分点通宽带的自然村比重为 63.4%，比 2012 年提高 25.1 个百分点。2016 年，贫困地区村内主干道路面经过硬化处理的自然村比重为 7.9%，比 2013 年提高 18 个百分点；通客运班车的自然村比重为 49.9%，比 2013 年提高 1.1 个百分点。②教育文化状况明显改善。2016 年，贫困地区农村居民 16 岁以上家庭成员均未完成初中教育的农户比重为 16%，比 2012 年下降 2.2 个百分点；79.7% 的农户所在自然上幼儿园便利，84.9% 的农户所在自然村上小学便利，分别比 2013 年提高 12.1 和 6.9 个百分点；有文化活动室的行政村比重为 86.5%，比 2012 年提高 12 个百分点。③医疗卫生水平显著提高。2016 年，贫困地区农村拥有合法行医证医生或卫生员的行政村比重为 90.4%，比 2012 年提高 7 个百分点；91.4% 的户所在自然村有卫生站，比 2013 年提高 7 个百分点。

五是我国为全球减贫作出重大贡献。按照现行农村贫困标准测算，从 1978 年到 2016 年，全国农村贫困人口减少 7.3 亿人，贫困发生率从 1978 年的 97.5% 下降至 2016 年的 45%，按照每人每天 1.9 美元国际极端贫困标准，根据世界银行发布的最新数据，1981 年至 2013 年中国贫困人口减少了 8.5 亿人，占全球减贫总规模的 69.3%，为全球减贫作出了重大贡献。联合国开发计划署 2015 年发布的《联合国千年发展目标报告》明确指出，"中国在全球减贫中发挥了核心作用"，中国精准扶贫的新理论、新实践也为全球减少贫困提供了中国范例。

2. 精准扶贫具体实践中存在的主要问题

以精准扶贫精准脱贫为基本方略的脱贫攻坚战进展顺利。但是，在最困难、条件最差的地区，做最精准的事，困难可想而知。因此，深入推进精准扶贫精准脱贫，举措落实，政策见效、工作开展还需要一个过程，困难不能低估，问题不能回避。从目前各地实践看，精准扶贫精准脱贫方略实施存在以下困难和问题。

一是"硬骨头"还没有完全精准瞄准。对于深度贫困地区、深度贫困群体的瞄准需要采取更有效的措施。深度贫困地区主要是自然条件恶劣、基础设施和公共服务欠账较多，贫困发生率高、脱贫难度大的地区。12.8 万个建档立卡贫困村也是难啃的硬骨头，这些村居住着 60% 的贫困人口。大部分贫困村基层组织功能弱化，无人管事；人才严重流失，无人干事；村集体经济薄弱，无钱办事；基础设施落后，陈规陋习严重，发展基础不牢，深度贫困群体主要是因病致贫返贫群体。截至 2016 年底，全国还有 4 335 万贫困人口，建档立卡数据显示，贫困人口中因病致贫比例从 2015 年的 42% 上升到 2016 年的 44%。

二是工作中仍存在不严不实不精准问题。主要表现是脱贫计划脱离实际。有的地方违背客观实际，层层加码提前脱贫时间，患了"急躁症"，有的地方认为贫困人口不多，脱贫任务不重，按时完成没有问题，犯了"拖延病"。有的政策措施缺乏针对性、操作性，没有有效落实。有的把脱贫工作"文件化""会议化""表格化"，有的把大量资金用在垒大户、堆盆景、制作精美挂图展板上。有的驻村干部不驻村、假驻村，帮扶措施没到位。有的甚至在考核评估中弄虚作假，搞乔装打扮，组织群众统一答复口径，试图在考核评估中蒙混过关。在贫困识别上，有的地方"搞摆平"，人为割裂低保与扶贫，导致一定数量符合条件的贫困人口未纳入建档立卡。在精准帮扶上，有的表面看帮扶到户到人，实质上还搞一刀切，是缩小版的"大水漫灌"。在贫困退出上，有的算账脱贫，有的突击脱贫，有的一兜了之，脱贫质量不高。

三是扶贫资金使用管理存在不精准问题。贪污、挤占挪用等老问题仍时有发生，在乡村两级尤为突出。中央纪委监察部2016年通报的扶贫领域325起突出问题中，有86%涉及乡村干部。资金闲置滞留等新问题逐步显现。随着扶贫投入增多，权限下放到县，一些地方能力未及时跟上，项目规划不科学、不合理、接不住、整不动、用不好。2016年资金闲置问题占到审计发现问题的2/3。资金使用公开透明不够。群众和社会不知道，在老百姓眼里，投向"三农"的钱，涉及农民的事，都和扶贫有关，这方面的监管亟待加强。

四是精准扶贫主体（贫困群众）内生动力不足问题。从帮扶工作来看，有的地方为图省事、赶进度，大包大揽、送钱送物，"干部干，群众看"，造成养懒汉现象。从贫困群众来看，有的穷怕了不敢想，安于现状，单纯依靠外界帮扶被动脱贫。有的穷惯了，习惯了"等靠要"，靠穷吃穷，依赖政策不愿脱贫。如果不能充分发动贫困群众，扶贫就只是治标不治本，帮扶效果就很难可持续。

（五）深化精准扶贫精准脱贫的对策建议

2017 年是精准扶贫精准脱贫的深化之年。2 月 21 日，习近平总书记主持中央政治局第 39 次集体学习。这次学习以更好地实施精准扶贫为主题，习近平总书记发表重要讲话，对精准扶贫、精准脱贫提出新的更高要求。3 月，习近平总书记在"两会"期间提出"绣花式"精准扶贫重要论述。3 月 31 日，习近平总书记主持中央政治局会议，听取 2016 年度省级党委政府扶贫开发工作成效考核情况汇报，对严格考核确保精准退出作出新部署。6 月 23 日，习近平总书记在山西太原主持召开深度贫困地区脱贫攻坚座谈会，研究破解深度贫困问题之策。习近平总书记上述重要论述，丰富、发展了精准扶贫思想，为深化精准扶贫、精准脱贫指明了方向，提供了根本遵循。我们要认真学习，深刻领会，贯彻落实到实践中。

1. 细化目标任务

脱贫的标准就是"两不愁三保障"，不能盲目提高，也不能降低，时限就是 2020 年，不能急躁，也不能拖延。从当前情况看，按照现有的政策力度和工作力度，只要真抓实干，是可以实现脱贫目标的。一要调整完善脱贫攻坚滚动规划和年度计划。贫困县一般应在 2019 年前摘帽，贫困人口应在 2020 年如期脱贫。低保兜底尽量往后靠，对那些确实不能依靠自身努力脱贫的人口，到最后才低保兜底。脱贫规划要有合理时序，既要防止急躁，又要防止拖延。二要保持脱贫攻坚政策的稳定。包括贫困县党政正职稳定、驻村帮扶、东西部扶贫协作党政机关定点扶贫，2020 年前都不变。三要在做好贫困县贫困村脱贫攻坚的同时，高度重视非贫困县非贫困村的脱贫攻坚，防止出现死角。

2. 坚持问题导向

针对当前突出困难和问题，一要集中力量攻坚。要进一步瞄准深度贫困地区、贫困村、因病致贫贫困户，这是要攻的"坚"。加大对典型的深度贫困地区的基础设施和公共服务建设支持力度。组织实施贫困村提升工程，培育壮大集体经济，完善基础设施，打通脱贫攻坚政策，落实"最后一公里"。落实健康扶贫政策，降低因病致贫贫困户医疗费用支出，进一步解决大病和慢性病治疗、救助问题，减轻贫困家庭医疗负担。二要抓好考核，发现问题要及时整改。纠正不严不实不精准，特别是要纠正形式主义，严防弄虚作假。要通过教育培训等措施，增强基层扶贫干部"绣花"能力，提高贫困识别、帮扶、退出精准度。

3. 打牢精准基础

完善建档立卡，摸准贫困底数。准确识别贫困户是很难的，农村基础薄弱，情况复杂，人口流动性大，再加上人情社会、落后观念等因素，难度更大。精准永远在路上。下一步，要把符合建档立卡条件的贫困人口全部纳入，只要是贫困人口，不管什么原因、什么类型，都应纳入，做到不落一人，与此同时，还要对2014年以来的脱贫人口的返贫情况进行调研，探索建立稳定脱贫的长效机制。

规范驻村帮扶，增强基层力量。中央要求，每个贫困村都要派驻村工作队，每个贫困户都要有帮扶责任人，实现全覆盖。第一书记和驻村干部要积极帮助群众出主意干实事，推动各项扶贫措施落地落实，打通精准扶贫"最后一公里"。国家层面应出台指导意见，各地要加强驻村干部管理，加强贫困村"两委"

建设，选好配强村"两委"班子，培养一支永远不走的工作队。

强化资金监管，提高使用效益。继续加强纪检、检察，审计、财政监督和群众、社会监督，特别是把乡村两级组织作为重点，加大惩处力度，保持高压态势。全面推进贫困县财政涉农资金统筹整合，加大指导、督促、检查，提高扶贫资金使用效率和效益。进一步完善扶贫资金公告公示制度，提升扶贫资金项目的透明度。

4. 以从严考核倒逼精准落地

考核是全面从严治党在脱贫攻坚领域的重要体现，是倒逼各地抓好落实、检验脱贫质量的重要手段。要按中央要求，继续实行最严格的考核评估制度，坚决防止虚假脱贫、数字脱贫、一兜了之等敷衍了事、不实不准、弄虚作假行为，倒逼各地落实脱贫攻坚工作责任，把求真务实的导向立起来，把真抓实干的规矩严起来，确保脱贫结果经得起历史和实践的检验。

5. 着力创新带贫机制

随着脱贫攻坚深入推进，难题和矛盾还会不断出现，必须结合实际，创新扶贫工作方式。鼓励基层探索试点，建立容错纠错机制，对探索中出现的问题，及时纠正。对陈规陋习等也需要改革，但需要一个过程。

6. 有力有序总结推广经验

要总结党的十八大以来精准扶贫的实践和成就，总结各项工作成功经验，总结产业扶贫、就业脱贫、易地搬迁扶贫、教育扶贫、健康扶贫等重点工作的典型范例。继续开展全国脱贫攻坚奖评选表彰活动，及时发现并表彰全国脱贫攻坚模范。建立扶贫先进典型台账，及时推广好的经验做法。脱贫攻坚，不仅仅是脱贫攻坚，而是涉及经济社会发展各方面。不能就扶贫而扶贫，还要改善农村基层组织建设、集体经济、管理水平、思想观念等。

🔍 原文再现

为什么讲要精准扶贫？"手榴弹炸跳蚤"是不行的。中华人民共和国成立以后，50年代剿匪，派大兵团去效果不好，那就是"手榴弹炸跳蚤"，得派《林海雪原》里的小分队去。扶贫也要精准，否则钱用不到刀刃上。抓扶贫切忌喊大口号，也不要定那些好高骛远的目标，要一件事一件事做。不要因为总书记去过了，就搞得和别处不一样了，搞成一个不可推广的盆景。钱也不能被吃喝挪用了，那是不行的。（《习近平总书记的扶贫情结》人民日报2017年2月24日）

六　精准扶贫与五大发展理念

党的十八届五中全会提出了创新、协调、绿色、开放、共享五大发展理念，体现了以人民为中心的发展思想。脱贫攻坚是全面建成小康社会最艰巨的任务，必须牢固树立并切实贯彻五大发展理念。

（一）打赢脱贫攻坚战必须以五大发展理念为引领

1. 五大发展理念是"四个全面"战略布局的具体展开

"四个全面"战略布局和"五大发展理念"是一个内在统一体。"四个全面"回答了当代中国发展的战略目标、战略重点和主要矛盾；"五大发展理念"关注实现全面建成小康社会这一目标的发展过程的内在要求、科学原则和价值诉求，是对"四个全面"战略布局的路径展开。"四个全面"战略布局和"五大发展理念"为中国社会发展确立了科学的指南和正确的价值引领，为实现"两个一百年"的奋斗目标和中华民族伟大复兴中国梦奠定了坚实的思想基础。

2. 五大发展理念是"十三五"乃至今后一段时期的指挥棒

古人有言，"提纲而众目张，振领而群毛理"。提纲挈领、把握关键，是做好任何事情的前提。习近平总书记指出，这五大理念是"十三五"乃至更长时期我国发展思路、发展方向、发展着力点的集中体现，体现了"四个全面"战略布局和"五位一体"总体布局。党的十八大以来，我们把开发工作纳入"四个全面"战略布局，作为实现第一个百年奋斗目标的重工作，摆在更加突出的位置。"新的发展理念就是指挥棒，要坚决贯彻"，习近平总书记在重庆调研时的讲话，再次凸显了"创新、协调、绿色、开放、共享"这五大发展理念的引领性作用，也为我们今后的一切工作指明了方向。

3. 脱贫攻坚必须全面贯彻五大发展理念

发展理念是发展行动的先导，是管全局、管根本、管方向、管长远的东西。发展理念搞对了，目标任务就好定了，政策举措也就跟着好定了。全面贯彻落实党的十八大和十八届二中、三中、四中、五中全会精神，以邓小平理论"三个代表"重要思想科学发展观为指导，深入贯彻习近平总书记系列重要讲话精神，围绕"四个全面"战略布局，牢固树立并切实贯彻创新、协调、绿色、开放、共享的发展理念，充分发挥政治优势和制度优势，把精准扶贫精准脱贫作为基本方略，坚持扶贫开发与经济社会发展相互促进，精准帮扶与集中连片特殊困难地区开发紧密结合，坚持扶贫开发与生态保护并重，坚持扶贫开发与社会保障有效衔接，咬定青山不放松，采取超常规举措拿出过硬办法，举全党全社会之力，坚决打赢脱贫攻坚战。

脱贫攻坚是全面建成小康社会最艰巨的任务。全面建成小康社会最艰巨最繁重的任务在农村、特别是在贫困地区。没有农村的小康，特别是没有贫困地区的小康，就没有全面建成小康社会。打赢脱贫攻坚战的总体目标是：到2020年，稳定实现农村贫困人口不愁吃、不愁穿，义务教育、基本医疗和住房安全有保障。实现贫困地区农民人均可支配收入增长幅度高于全国平均水平，基本公共服务主要领域指标接近全国平均水平。确保我国现行标准下农村贫困人口实现脱贫，贫困县全部摘帽，解决区域性整体贫困。我们要清醒看到扶贫开发任务艰巨繁重：一是每年要减贫1 000多万人；二是容易脱贫的地区和人已经解决得差不多了，剩下的都是难啃的"硬骨头"；三是未来五年年均需投入2 000多亿元；四是贫困消除了，还会有新的贫困人口出现；五是经济下行压力大，贫困人口增收和就业难度增大，一些农民因丧失工作重新陷入贫困。

虽然"硬骨头"难，但是中央扶贫攻坚的决心坚如磐石，我们坚信能够打赢脱贫攻坚战。一是现行标准下农村贫困人口实现脱贫。2011年以来贫困人口共减少了6 663万人，平均每年减贫1 200万人以上。虽然减贫速度随着扶贫难度的增加而逐年下降，但是我们通过超常的、过硬的、管用的举措，今后5年每年完成减贫1 000万人的任务，经过努力是完全可以达到的。二是关于贫困县全部摘帽。通过多年扶持，一些贫困县发展较快，已具备退出贫困县行列的条件。今后几年通过进一步加大扶持力度，完全可以使贫困县全部摘帽。三是关于实现"两不愁、三保障"。既考虑了温饱需要，也兼顾了脱贫致富的发展需要。实现这些目标，是贫困人口稳定脱贫、贫困县摘帽的重要衡量标准，也是解决区域性整体贫困的重要标志。

（二）坚持创新发展，增强脱贫攻坚内生动力

1. 创新是脱贫攻坚的强大动力

习近平总书记从决定民族前途命运的高度反复强调创新的极端重要性，指出创新是引领发展的第一动力，我们必须把创

新发展摆在脱贫攻坚全局的核心位置，切实把贫困地区发展基点放在创新上，让贫困人口搭上改革发展的快车，共同致富，进一步形成脱贫致富的内在驱动力。

2. 创新扶贫开发路径，由"大水漫灌"向"精准滴灌"转变

脱贫攻坚要取得实实在在的效果，关键是找准路子，抓重点、解难点、把握着力点。搞大水漫灌、走马观花、大而化之、手榴弹炸跳蚤肯定不行。必须在精准施策上出实招、在精准推进上下功夫、在精准落地上见实效。要抓好精准识别、建档立卡这个关键环节，为打赢脱贫攻坚战打好基础。按照"六个精准"的要求，解决好"扶持谁、谁来扶、怎么扶、如何退"的问题，实现精准滴灌式的真扶贫、扶真贫。

3. 创新扶贫资源使用方式，由多头分散向统筹集中转变

要整合各类资源，打好扶贫资源使用的组合拳。建立"多条渠道进水、一个龙头出水"的项目整合机制和部门协作机制，以扶贫规划为引领，以重点扶贫项目为平台，把专项资金相关涉农资金和社会帮扶资金捆绑集中使用，统筹运用好资金、资产、资源，集中力量精准脱贫。

4. 创新扶贫开发模式，由偏重"输血"向注重"造血"转变

继续推进开发式扶贫，充分调动贫困地区干部群众积极性和创造性，注重扶贫先扶智，增强贫困人口自我发展能力。加强贫困地区路、水电、通信等基础设施建设，有效改善贫困群众的生产生活条件。统筹推进贫困地区科教文卫体等社会事业发展，提高贫困人口素质。大力推进贫困地从特色产业发展，

加快三次产业融合发展。

5. 创新扶贫考评体系，由侧重考核地区生产总值向主要考核减贫脱贫成效转变

脱贫攻坚是"十三五"期间的头等大事和第一民生工程，为确保目标顺利实现，要加强党的领导，层层压实责任。要严格落实《省级党委和政府扶贫开发工作成效考核办法》，建立年度脱贫攻坚报告和督查制度，对贫困县的考核，要提高减贫、民生、生态方面指标的权重，把脱贫成效实绩作为选拔任用干部的重要依据。形成五级书记抓扶贫、全党动员促攻坚的局面。

（三）坚持协调发展，推动贫困地区持续健康发展

1. 协调发展是推动贫困地区脱贫致富的必然路径协调是持续健康发展的内在要求

改革开放以来，我国经济社会快速发展，然而地区城乡差距也随之拉大。贫困地区主要分布在中西部的农村，发展中不平衡、不协调、不可持续的问题突出。唯有坚持协调发展，才能破解发展困境，强化整体性和协调性，增强发展后劲，带动贫困地区走向共同富裕之路。没有贫困地区的小康，没有贫困人口的脱贫，就没有全面建成小康社会。我们不能一边宣布实现了全面建成小康社会目标，另一边还有几千万人口生活在扶贫标准线以下。如果是那样，就既影响人民群众对全面建成小康社会的满意度，也影响国际社会对全面建成小康社会的认可度。"十三五"时期经济社会发展，关键在于补齐"短板"，其中必须补好扶贫开发这块"短板"。

2. 推进四化同步，带动贫困地区快速发展

以工业化为动力，着力推进绿色、循环、低碳为主的新型工业化，以信息化为依托壮大特色绿色产业，推动劳动密集型污染少的工业产业发展，打造脱贫攻坚的发动机。以"信息化"为纽带，降低扶贫工作成本、提升扶贫工作实效，激发扶贫开发的发展潜能。以"新型城镇化"为载体，贫困人口实现从农村向相对发达城市转移，同时为工业化提供场所、劳动力和消费市场，推动脱贫攻坚全面展开。以"农业现代化"为抓手，提高农业劳动效率，促使富余劳动力进入非农产业就业，为工业发展提供了大量劳动力，推动城镇的形成和贫困人口的减少，夯实精准脱贫的基础。

3. 推动区域城乡协调发展，解决区域性整体贫困

全面建成小康社会，难点在农村。目前国家扶贫开发工作重点县共 592 个，14 个连片特困地区，这是脱贫攻坚的主战场。要健全城乡发展一体化体制机制，坚持工业反哺农业、城市支持农村，推进城乡要素平等交换、合理配置和基本公共服务均等化，促进农业发展、农民增收，把贫困地区建设成农民幸福生活的美好家园。大河有水小河满，区域城乡协调发展了，才能消除区域性整体贫困。

（四）坚持绿色发展，努力实现贫困地区永续发展

1. 绿色发展是贫困地区永续发展的必要条件

消除贫困和保护环境是世界可持续发展领域的两大核心问

题。对中国而言，消除贫困、实现共同富裕也是我们党肩负的重要使命。把绿色发展理念贯穿精准扶贫全过程，将发展绿色经济作为推进精准扶贫工作的重要抓手，既是深入学习贯彻党的十八届五中全会精神的重要举措，又是推动贫困地区实现永续发展和贫困地区群众精准脱贫的需要。

2. 强化绿色扶贫理念

绿色发展，既是当前的治贫之举，也是长远固本之道。扶贫开发不能以牺牲生态为代价，在精准脱贫工作中，要牢固树立"保护生态就是保护生产力，绿水青山就是金山银山"的理念，把生态保护放在优先位置，坚持节约优先、保护优先、自然恢复优先的基本方针，坚持绿色发展、低碳发展、循环发展的基本途径，在适度开发减少贫困的同时，为贫困地区留足持续发展的生态资本，走出一条发展经济、消除贫困、优化环境的新路子。

3. 加快发展绿色经济

要有效利用资源，发展绿色产业，培育绿色经济增长点，破除能源资源和环境因素的制约等瓶颈。要以市场需求为导向，因地制宜，依托绿色资源和环境，生产绿色、无污染的"土特"产品。加强生态环境的修复和建设，大力开发生态产品和生态产业，强化绿色资本的积累，推动贫困地区自然资本大量增值，让良好生态环境成为贫困地区人民生活的增长点。

4. 加强绿色扶贫政策支持

要因地制宜，分类施策。对于生态遭到破坏的贫困地区，要大力恢复生态。退耕还林还草、天然林保护、石漠化治理、水生态治理等重大生态工程，在项目和资金安排上都要向贫困地区倾斜，提高贫困人口参与度和受益水平。对于需要保护的重点生态功能区，要增加转移支付，开展生态综合补偿试点，健全公益林补偿标准动态调整机制，完善生态保护补助奖励政策等，让贫困地区从生态保护中得到更多实惠。

（五）坚持开放发展，推动贫困地区走向繁荣

1. 开放是贫困地区繁荣发展的必由之路

习近平总书记指出，"人类的历史就是在开放中发展的。任何一个民族的发展都不能只靠本民族的力量。只有处于开放交流之中，经常与外界保持经济文化的吐纳关系，才能得到发展，这是历史的规律。"贫困地区的发展必须树立开放意识，用开放意识推动扶贫工作和在扶贫工作中运用开放政策。

2. 大力实施开放式精准扶贫

引导和帮助贫困群众摆脱封闭、单一的自然经济状态，向开放的市场经济发展，使贫困地区经济实现良性循环。要走对内、对外同步开放的"双向开放"道路，一方面，积极参与国内市场竞争，加强内引外联大力引进信息，资金技术和人才，实现优势互补；另一方面，积极参与国际市场的竞争和交换，促进贫困地区经济发展，使开放与精准脱贫相互依存、相互促进、彼此融合，让开放成为取得脱贫成效的重要举措，让脱贫成效成为开放的新起点，使扶贫工作水平迈上新台阶。

3. 鼓励引导全社会广泛参与脱贫攻坚

脱贫攻坚需要政府、市场和社会的协同推进，以及贫困地区、扶贫对象的充分参与，政府应发挥主导作用，让市场和社会成为反贫困重要力量，先富帮后富，同奔小康路。要健全东

西部扶贫合作机制、定点扶贫机制和社会力量参与机制，广泛动员全社会力量，合力推进脱贫攻坚。

4. 加强减贫国内国际交流合作

一是加强国内各地区的减贫交流合作。各地在扶贫开发中不断探索实践，形成了很多行之有效的方法，积累了丰富多样的扶贫经验，要加强沟通交流，互相取长补短，共同推进脱贫攻坚。二是加强国际减贫交流合作。通过对外援助、项目合作、技术扩散、智库交流等多种形式，加强与发展中国家和国际机构在减贫领域的交流合作，积极借鉴国际先进的减贫理念与经验。

（六）坚持共享发展，让全体人民都过上小康生活

1. 共享发展是社会主义的本质要求，是党的重要使命

共享发展居于五大理念的核心地位。消除贫困、改善民生、逐步实现共同富裕，是社会主义的本质要求，是我党的重要使命，发展的目的为了人民、发展过程需要依靠人民、发展的成果应该由人民共享，使全体人民在共建共享发展中有更多获得感，从而在共同富裕中增强发展的动力从这个维度上讲，共享与前四大发展理念的关系是目的与手段的关系，在全面建成小康社会这幅壮美画卷中，民生是最厚重的底色，共享是最温暖的主题。

2. 牢固树立共享发展理念，让贫困人口享有更多发展成果

共享发展明确了发展为了谁的问题。共享是全面共享，要

让人人有；共享是全面共享让人民共事经济政治文化社会生态各方面的成果；共享是共建共享，要形成人人参与、人人尽力、人人都有成就感的发展局面；共享是渐进共享，要立足国情，不好高骛远。共享既不能走绝对平均主义的老路，也不能复制欧洲国家的高福利发展模式。共享注重的是社会公平，目的是要实现"共同富裕"。脱贫"军令状"的出台，足见中央重拳扶贫的力度。打赢脱贫攻坚战靠的就是精准扶贫，因人因地施策，用共享发展的理念摆脱贫困。

3. 落实共享发展理念，实施精准扶贫

打赢脱贫攻坚战，贵在精准扶贫、精准脱贫。我国扶贫开发工作走过了一条不断寻求新方法、积累新经验的探索道路。扶贫必先识贫，要确保把真正的贫困人口弄清楚；要明确"扶持谁"，把精准扶贫、精准脱贫落到实处；要明确"怎么扶"，找到"贫根"，对症下药，靶向治疗；要明确"谁来扶"，明晰分工，落实责任，通过"六个精准"（扶持对象、项目安排、资金使用、措施到户、因村派人、脱贫成效）施策，践行"四个切实"（切实落实领导责任切实做到精准扶贫、切实强化社会合力、切实加强基层组织），大力实施"五个一批"工程（发展生产脱贫一批、异地搬迁脱贫一批、生态补偿脱贫一批、发展教育脱贫一批、社会保障兜底一批），确保每一户贫困群众在奔向小康的征程中不落伍掉队，共享改革发展成果。

4. 落实共享发展理念，实现有效脱贫

一是要充分调动人民群众的积极性、主动性、创造性，举全民之力进脱贫攻坚，增加公共服务供给、提高教育质量、促进就业创业，不断把蛋糕做大。二是把不断做大的蛋糕分好，加大对贫困群众的帮扶力度，缩小收入差距、建立更加公平更

可持续的社会保障制度，让社会主义制度的优越性得到更充分体现，让人民群众有更多获得感。

🔍 原文再现

　　在新时代，中国人民将继续自强不息、自我革新，坚定不移全面深化改革，逢山开路，遇水架桥，敢于向顽瘴痼疾开刀，勇于突破利益固化藩篱，将改革进行到底。中国人民将继续大胆创新、推动发展，坚定不移贯彻以人民为中心的发展思想，落实新发展理念，建设现代化经济体系，深化供给侧结构性改革，加快实施创新驱动发展战略、乡村振兴战略、区域协调发展战略，推进精准扶贫、精准脱贫，促进社会公平正义，不断增强人民获得感、幸福感、安全感。（2018 年 4 月 10 日海南博鳌习近平：开放共创繁荣创新引领未来——在博鳌亚洲论坛 2018 年年会开幕式上的主旨演讲）

七　精准扶贫十项工程

　　推进精准扶贫，实现精准脱贫，各级党委和政府是至关重要的组织力量、执行力量。怎么来组织？如何来执行？这就要求有现实的抓手，可以说，"十项工程"正是精准扶贫精准脱贫事业的具体抓手，当前，一个不容忽视的问题就是，一谈起扶贫，很多人都是头头是道，但是一落到实际操作层面，往往就是抓瞎，因此，对于精准扶贫精准脱贫而言，很重要的一条就是要认认真真整合资源，扎扎实实推进精准扶贫十项工程。

　　精准扶贫十项工程，既是落实精准扶贫的经济工程，也是实现共同富裕的民心工程，深刻理解这十项工程的政策要求，全面总结这十项工程的建设经验才能真正依靠这十项工程，完成从"输血"到"造血"的转变。达到这个效果需要在引进项目时，学习和参照先进经验，切实立足当地资源禀赋条件，根据贫困群众真实需要，选择成本最低，收益最高的扶贫项目。

（一）干部驻村帮扶工程

　　党员干部和群众同吃、同住、同劳动，与群众打成一片，这是我们党的群众工作的优良传统。在推进精准扶贫精准脱贫工作中实行干部驻村帮扶工程，就是继承和发扬这一优良传统的有效举措，就是要着眼于各个地区贫困落后村这个"硬骨头"，抓住驻村干部这个关键少数，带动广大贫困群众辛勤劳动、埋头苦干，实现贫困村整体脱贫，村民生活达到小康水平。

干部驻村帮扶，一头连着党委政府，一头连着困难群众，是做好各项扶贫开发工作的重要保障。扶贫开发工作的许多具体工作，绝不是仅仅靠文件要求、会议布置就能代替的，如果没有面对面的沟通、手把手的指导，很难落到实处、细处。可以说，通过驻村帮扶，就可以把各项扶贫政策更好地落实到贫困村、贫困户，可以把各类扶贫资源精准地用到贫困村和贫困户。

一是要加强组织领导。 各级党委政府要始终把坚强有力的组织领导作为驻村工作落到实处、取得实效的关键和保证。主要领导带头深入挂联点调研，带头落实帮扶措施，指导帮扶工作，以上率下、模范带头。要建立专门的工作机制，比如成立联席会议，形成横向到边、纵向到底的干部驻村工作组织领导格局，要把对驻村部检查管导，管理使用、培训考核、服务保障作为重要职责加强领导强度、组织力度，有力有序有效推进干部驻村帮扶工作。

二是要强化责任任务。 一方面，要建章立制抓管理，对各级驻村干部选派、管理及职责任务、考核奖惩做出具体明确，特别是要明确扶贫工作相关负责人特别是驻村第一书记的职责，切实规范工作程序、压实工作责任。另一方面要强化职责抓管理，要把驻村扶贫干部的管理作为关键环节来抓，及时总结实践中的成熟做法，建立县为主体、乡镇负责、联席办统筹、派出单位协同的管理机制，形成联席会议统筹管、成员单位配合管、派出单位参与管、乡镇党委直接管、工作队内部加强管的管理体系。各级党委、政府及派出单位全力为村干部提供必要保障、改善工作条件、解决家庭困难、关心干部成长，为干部履职尽责、有所作为创造条件。各地要善于采用 APP 软件、微信群、网络签到等信息网络平台，加强日常管理，确保人人都在组织中、人人都在管理中。

三是要注重能力培训。要坚持问题导向，针对驻村干部普遍存在脱贫攻坚政策掌握不多、"三农"工作经验不足的实际，把培训作为提高驻村干部履职能力的重要途径，突出实效、灵活方式抓全员培训。以提高"三农"工作和扶贫工作能力为切入点，深入实施培训，切实提高驻村干部的政策理解和运用能力按照缺什么补什么，需求什么培训什么的原则，创新形式抓实培训，采取分层级与划片区培训相结合，集中辅导与电视电话会议培训相结合。

四是要突出考核奖惩。要按照相关管理办法，对驻村干部实行年度考核把考核情况作为派出单位评优评先的重要依据，切实解决驻村干部不到位、不在岗、不作为等问题。

驻村帮扶如何才能把作用发挥好，关键是要处理好以下两个方面的关系。一是驻村帮扶必须做到身入心入，不仅要扑下身子，到困难群众中了解问题，解决问题；更要沉下心来，把根扎在村里，真情融入困难群众，多做暖心的工作，决不能蜻蜓点水，流于表面。二是驻村帮扶不能越俎代庖。要搞清楚，贫困群众既是扶贫的对象，更是脱贫的主体。说到底，扶贫工作做的好不好，关键要看贫困群众内在的潜力激发得好不好。驻村帮扶干部的主要责任就是要激活贫困群众的发展潜力，给予实实在在的帮助和指导，更加深入地洞察地方实际特点特色，在"吃透上情"与"摸透下情"中，努力推进精准扶贫绩效最优化。

（二）职业教育培训工程

中国城乡发展的差异，很大程度上是教育资源分配的差异。而改变这种局面，最头疼的是"贫困的代际传递"。工作中，依靠职业教育培训工程，是有效斩断贫困代际链条的有效途径。

"贫困的代际传递"，指的是"父贫困、子贫困、孙贫困"的社会现象。这个现象，在贫困地区贫困家庭较为普遍。改变这个现象，斩断贫困链条，出路在于发展贫困地区的义务教育，将其摆在长期内为缓解农村人力资本投入不足的战略位置，并根据贫困地区人力资源特点，特别是针对贫困劳动力的脱贫要求，实施职业教育培训工程。

相对于义务教育，职业教育培训工程效果更明显，更能与其余九大工程，互联互动，如果开展得好，能够"四两拨千斤"。在贫困村中，初、高中毕业后，未能继续升学，也未能参加职业教育的贫困家庭富余劳动力（称为"两后生"），完全可以作为实施职业教育培训的重点对象。培训贫困家庭的"两后生"，能够达到"教育一个青年，培养一技之长、致富一个家"的扶贫效果面建档立卡统计结果，实际上，已经为开展职业培训，铺垫了坚实的基础，紧密衔接两项工作，完全具备条件。

未来，中国农村职业教育的主要内容，在于培训贫困群众掌握实用生产生活技能。这项工程的意义，在改善农村教育资源匮乏现状的同时，促进扶贫对象的观念转变，提高其自我发展的能力，最具"造血"功能。缺乏职业培训，缺乏人力资本投资，难以真正斩断穷根。

现阶段，实施职业教育培训工程，虽然有诸多好处，也存在部分问题，比如，停工学习存在机会成本，少数贫困群众要求发放培训补贴；职业培训内容不符合工作岗位技能要求；培训体系不健全，课程设置不科学，授课教师不专业；部分企业支持培训的积极性不够高，或者担心培训成本，或者担心员工流失。

我国开展职业教育培训时间短，经验少，可以借鉴英美日等国的农民工职业教育培训经验。其经验，概括起来主要有：健全相关法律法规，确保职工职业教育培训规范化；构建科学全面的职业教育培训体系，最大限度满足差异化培训需求；扩宽职业教育资金来源渠道；健全培训监督制度，保证培训质量。

根据我国国情及精准扶贫、精准脱贫的工作要求，弥补现存职业教育培训的不足，政府可以推动高校与社会机构联合教学，促进理论学习与实地操作配合进行；可以多方筹集资金，健全多元化的投入机制，保证开展职业教育培训资金充足。企业可以根据经营需要，构建工作技能管理体制，建设符合招录贫困群众培训需要的学习型组织，营造"干中学"的浓厚氛围。

只要各级政府转变思维，开阔思路，寻找方法，一定能借助打赢脱贫攻坚战的历史机遇，扎实推进职业教育培训工程，健全中国职业教育培训体系，铺垫贫困群众实现如期脱贫的坚实基础。

（三）扶贫小额信贷工程

金融是现代经济的核心。金融搞好了，一着棋活，全盘皆活。现代国家都把金融作为调控经济和民生的基本手段。现阶段，运用金融手段推进精准扶贫，帮助贫困群众融通资金，是切实增强贫困群众致富能力的重要途径。实践中，实施扶贫小额信贷工程，要瞄准"贷款难借难还"的症结，对症下药。

开展扶贫小额信贷工程，也是金融行业承担社会责任，反馈社会的实质性举措，抓好这个工程，要在五个环节发力，即"精准定位需求—政银各守其责—专款专事专办—科学管理过程—务求贷款回收"。

这个五个环节，紧扣小额信贷扶贫工程的各个环节，只要落实好，效果差不了，因此务必确保各项政策落地落实落细。"精准定位需求"是工程的首要环节，也是扶贫"精准"的重要体现。银行业机构，要充分与当地扶贫部门进行根据"建档立卡"的基本信息，对贫困户开展进一步细分，根据群众对贷款的要求紧急程度，排列出先后顺序，确保扶贫资金使用的效率最大化，"政银各守其职"是财政部门与金融部门合作开展工作的基本保障，二者良性互动，是合理使用资金的前提，监管部门要根据实际需要，科学规划工作内容，细化目标责任，督促责任落实，统筹促进辖区内银行业机构协同做好扶贫小额信贷项目。"放款专事专办"是小额信贷扶贫工程的特点，也是确保有限资源集中配置到精准扶贫领域的保障。商业银行可以为建档立卡的贫困户量身设计授信系统，建立对口贷款渠道，"科学管理过程"是具体开展小额信贷扶贫的过程要求，没有过程的科学管理，就没有满意的工程实施效果，根据各地区扶贫工作实际，创新扶贫小额信贷管理方式，追求高效率，低风险。"务求贷款回收"是扶贫小额信贷工程完成的标志，也是贫困户摆脱贫困的体现。鼓励政府信用作为贫困户的担保，鼓励地方财政出资建立专门针对贫困户的坏账损失风险金，多举措保障还款。

开展扶贫小额信贷工程以来，各地区积极响应中央号召，根据中央精神，探索出一系列符合地方实际的做法，比如，四川省巴中市制定了《关于创新开扶贫小额信贷工作的实施意见》，探索构建"政银互动、信用支撑、精准发展生产"的扶贫小额信贷工作模式，以政府信用为担保，推动贷款投信从"主要看资产"向"主要看信用"转变，稳中创新，实现了金融扶贫，"贷"动致富，取得了良好的效果，起到了较好的示范作用。

（四）易地扶贫搬迁工程

实施易地扶贫搬迁工程，是在贫困地区实施的一项有力推进从"输血"到"造血"转变的扶贫方式。具体指把贫困地区的群众，有计划地迁移到其他宜居区域。具体而言，是把居住在环境恶劣、生态脆弱、不具备基本生活条件和发展条件的深山区、石山区、高寒区、荒漠区、地方病多发区的农牧民，根据个人自愿原则，在地方政府的统一引导下，整体搬迁到一个适宜生产和生活的区域，这项工程，专门解决"一方水土不能养一方人"的问题，特定目标是"搬得出、稳得住、能发展、可致富"，根本原则是"整体搬迁，灵活安置"。

党的十八大以来，习近平总书记关于扶贫开发的重要论述，为精准扶贫工作中科学开展易地扶贫搬迁提供了积极理论指导。各地区积极理论结合实际，探索出了许多既符合中央精神，又符合地方实情的措施，比如，福建宁德赤溪村探索"扶贫搬迁联动旅游"的新路子，该地依托丰富的生态资源，特色农产品资源，根据地方特色资源想对策，发展生态旅游和休闲观光农业，闯出了一条"生态立村、旅游富村"的旅游扶贫路；广西大化探索"扶贫搬迁联动金融扶持"的新路子，易地扶贫搬迁工程与小额信贷工程双管齐下，农村信用联社主动对接政府生态移民搬迁的重点项目，实现农户小额信用贷款和农户联保贷款，为农户提供创业资金。

综合多地开展易地扶贫搬迁的工作做法，归纳起来有四项经验、五项原则与三项政策要求。四项经验指的是：选准搬迁对象；落实好安置地；合理确定建房的面积标准，严格建房补助标准和发放形式，落实易地扶贫搬迁优惠政策；切实加强组织领导，重视后续发展。五项原则，即易地扶贫搬迁工程的基本原则；政府主导与群众自愿相结合的原则；人口、社会、资源与环境协调发展的原则；降低搬迁成本与提高长期受益相结合的原则；扶贫搬迁与产业发展相结合的原则。三项政策要求是：加大政府支持力度，坚定实施易地扶贫搬迁政策；科学制订搬迁规划，降低搬迁成本，提高搬迁的长期受益；重视对移民的人文关怀，提高其社会适应能力。这些经验、原则与做法，相辅相成，融为一体，可以把它们看作开展易地扶贫搬迁的坐标。

2017 年 9 月 16 日至 17 日，全国易地扶贫搬迁现场会在四川省达州市召开，李克强总理作出重要批示。批示指出：易地扶贫搬迁是推进供给侧结构性改革、补齐贫困地区发展短板、打赢脱贫攻坚战的重要抓手。各地区各相关部门按照党中央、国务院决策部署，在规划建设、搬迁安置、就业安排、后续发展等方面做了大量工作，已完成一半以上搬迁建设任务，成绩应予以肯定，要深入贯彻习近平总书记系列重要讲话精神和治国理政新理念新思想新战略，进一步增强使命感、责任感和紧迫感，充分发挥基层干部群众的积极性、主动性和创造性，合理安排搬迁规模和进度，严格抓好工程质量，规范资金项目管理，实现精准、安全、阳光，聚焦培育内生动力，结合各地实际下大力气解决搬迁群众后续产业发展和就业增收问题，确保搬迁一户、稳定脱贫一户，为打赢脱贫攻坚战、全面建成小康社会作出更大贡献。

（五）电商扶贫工程

作为"互联网＋精准扶贫"的结合点，电商扶贫工程，顺应了互联网时代的生产方式变革趋势，能有效地把信息化建设成果转化为全面建成小康社会的成果。事实上。电商扶贫工程，主要解决贫困地区的市场狭窄问题，通过互联网技术开发贫困地区的特色资源，销售贫困地区的特色产品。

党的十八大以来，以习近平同志为核心的党中央高度重视互联网技术的发展，强调要善于运用互联网技术发展经济。习近平总书记围绕互联网发表了一系列重要讲话，是科学推进电商扶贫工程的根本遵循。

"互联网+"代表一种新的经济形态，具有"跨界融合、创新驱动、重塑结构、尊重人性、开放生态、连接一切"的突出特点。将互联网的创新成果深度融合于经济社会各领域之中，有利于提升实体经济的创新力和生产力，有利于形成更广泛的以互联网为基础设施和实现工具的经济发展新形态。

各地利用互联网脱贫致富的实践中，涌现出来的"淘宝村"，可以作为电商扶贫工程的榜样。"淘宝村"现象是指聚集在某个村落的网上，以淘宝为主要交易平台，以淘宝电商生态系统为依托，形成规模和协同效应的网络商业群聚现象。其认定标准包括三项指标：交易场所、运营场所在农村地区、以行政村为单元；在交易规模方面，电子商务年交易额达到一千万元；在网商规模方面，本村注册网店数量达到五十家，或者注册网店数量达到当地家庭户数的百分之十。根据这个标准，浙江省义乌市江东街道青岩刘村、浙江省丽水市松阳县大东坝镇西山村、广东省揭阳市揭东区锡阳镇军埔村、江苏省徐州市睢宁县沙集镇东风村、山东省曹县大集乡丁楼村和张庄村等十个地方，被评为中国淘宝村。目前，这些"淘宝村"基本实现了脱贫致富，但是，主要集中在东部沿海地区，中西部地区比较少。这在一定程度上，反映出东部沿海地区的互联网意识，运用互联网的基础设施强于中西部地区。

然而，这并不能说明开展电商扶贫的条件不成熟。虽然贫困地区在物流、宽带以及互联网意识等方面存在一些缺陷，但从根本上讲，这些并不是制约电商发展的决定因素。研究农村电商的实践经验，我们可以看到，电商发展的条件与电商应用规模辩证统一。现有条件制约电商扶贫的发展，但是充分利用现有条件，扩大融资渠道，先推广电商应用规模，做起业务，扩大市场，再根据发展情况，改善发展条件。部分实地调研和电商平台的数据表明，在贫困地区，群众刚刚开始时，利用电商购买产品，充分体会到"买得到，买的对，买的省"的优惠，利用电商平台销售特色农产品，这些都刺激着贫困地区群众的互联网意识。

现在，已经涌现出越来越多的草根网商、电商草根英雄。此外，淘宝村、电商镇激发的连片效应越来越显著，电商扶贫的成功案例越来越多，电商扶贫带给群众的希望越来越大。面对这样的发展机遇，随着电商扶贫工程的实施，将会越来越多的贫困地区借助互联网的大浪潮，实现脱贫致富，共享全面建成小康社会的成果。

2017年9月15日至16日，全国农村电商精准扶贫经验交流会在贵阳召开，汪洋同志出席会议并讲话。他强调，电商扶贫是精准扶贫的有效抓手，也是利用新技术、新模式助推脱贫攻坚的创新举措。他充分肯定了电商扶贫在促进贫困群众脱贫和贫困地区发展方面取得的积极成效，并强调，电商扶贫要始终以建档立卡贫困人口脱贫为目标，积极引导贫困群众融入电商产业链条，更多分享产业增值收益。要遵循市场规律和电商发展规律，鼓励各类市场主体利用电商开展扶贫，引导合作社、家庭农场、龙头企业等新型经营主体带动贫困农户参与电商，推进电商扶贫与贫困地区产业融合发展。要加强规划引领，加大政策支持力度，补齐基础设施短板，推进标准化建设、品牌培育和认证追溯，建设农产品网络销售绿色通道，着力培养懂电商、懂扶贫的专业人才，提升电商扶贫发展水平。要强化统筹协调，促进政府、市场、社会协同发力，产业链各环节密切衔接。地方各级政府要加强组织领导，为电商扶贫创造公平竞争、可持续发展的良好环境。

（六）旅游扶贫工程

1999 年，英国国际发展局首次提出面向贫困人口的旅游扶贫。旅游扶贫目的在于为贫困人口提供一个发展机会，让贫困人口在旅游发展的过程中，获得经济、社会、环境、文化等收益。

对于旅游资源丰富的贫困地区，旅游扶贫是一种卓有成效的扶贫方法，是贫困地区实现弯道超车的又一法宝。依靠旅游扶贫，一方面能增强连片特困地区的造血能力，另一方面又能一定程度上改善该地区的生态环境。贫困地区往往工业发展滞后，因此拥有"绿水青山"、结合贫困地区特色旅游资源，依靠旅游扶贫工程，可以贯彻落实习近平总书记提出"绿水青山就是金山银山"思想，可以切实提供贫困地区的就业机会、扩展收入渠道。

我们国家一直比较重视旅游扶贫的积极作用，并下发了一系列相关文件，推进旅游扶贫。比如，2014 年，国家发展和改革委员会等部委联合发布《关于实施乡村旅游富民工程推进旅游扶贫工作的通知》，正式提出依靠乡村旅游发展，加快贫困地区脱贫致富的步伐；2015 年 8 月《国务院办公厅关于进一步促进旅游投资和消费的若干意见》强调要推进乡村旅游扶贫。

各地在探索旅游扶贫的实践中，取得了显著的成绩。比如，四川省地处我国西部，老少穷地区分布广，是全国脱贫攻坚主战场之一，全国贫困人口规模、贫困村数量接近全国的十分之一，脱贫攻坚任务十分艰巨。同时，四川省贫困地区的旅游资源十分丰富，九寨沟、稻城亚丁、泸沽湖、光雾山、藏羌彝民族文化、革命老区等绝大部分在秦巴山区、乌蒙山区、藏区和大小凉山彝区连片特殊困难地区。旅游资源与贫困地区高度融合，让旅游扶贫成为四川省脱贫攻坚的重要组成部分。资料显示，2016年前三季度，四川省扶贫开发"四大片区"实现旅游总收入2 927.75亿元，同比增长20%，占全省具有经济总量的47.5%。全省乡村旅游实现总收入1 535亿元，同比增长20.96%，相比2015年同期增加266亿元，相对于全省农民人均增收贡献了411元，人均现金收入增加额为98.6元。在甘孜州乡城县，乡城群众正在旅游业发展中尝到甜头，民宿业像雨后春笋苗壮成长，不仅成为大香格里拉环线上的一道风景线，也使乡城全城旅游业得到有效补充。

　　总结现有的旅游扶贫经验，扎实开展旅游扶贫工程，需要把握"对象选择精准—系统科学规划—高效配置资源—提炼实践经验"四个步骤。对象选择精准，是真正实现旅游扶贫根本效果的第一步，也是检验试点地区是否"扶真贫、真扶贫"的首要标准。走好这一步，基础是依托已有的"建档立卡"成果，摸清所有贫困户的发展需求，以便于在旅游扶贫过程中，根据各地的特色资源，因村施策、因户施法，利用特色经营、特色旅游，让贫困户融合旅游扶贫，让贫困户共享旅游扶贫成果。系统科学规划，是真正确保旅游扶贫根本效果的前提条件。精准扶贫是个系统工程，旅游扶贫是总工程中的小的系统性工程。各地真正实施旅游扶贫工程，做出系统性的科学规划，既要服从精准扶贫总要求，又要自成系统。依靠调研论证，制订前期规划，包括贫困户参与办法、利益分配等具体内容。高效配置资源，是真正确保旅游扶贫根本效果的主要途径。扶贫的事业是伟大的，但是扶贫的资源是有限，务必根据建档立卡贫困户的真实需要，高效配置资源，务求旅游扶贫资源最大化。

提炼实践经验，是真正确保旅游扶贫根本效果的最后一步。各地要根据中央精神要求，结合地方旅游特色，探索接地气的旅游扶贫工程思路，要"成熟一个，总结一个"，把成功的案例，提炼为理论，为具有相似经验的地方，开展扶贫工作提供借鉴。

对于已经成为旅游扶贫试点的地方，为确保旅游扶贫工程稳中有进，要重点抓好五点：做好从业人员专业培训，保证从业人员能够适应旅游扶贫中的新岗位；创新宣传渠道，结合线上线下，推介贫困地区的特色旅游项目；以旅游部门为核心，协调扶贫办、发改委等部门，有效整合扶贫旅游资源；强化各级党委各级政府的领导，把落实旅游扶贫工程放在重要位置，在一定时期内可以围绕旅游扶贫开发开展其他工作。

我国现在的旅游市场潜力非常巨大，只要开展旅游扶贫的各贫困地区，认真总结思考实践中的问题，积极寻找解决措施，把新问题转化为新成绩、新经验，旅游扶贫工程一定能帮助一方群众真正实现脱贫致富。

（七）光伏扶贫工程

光伏扶贫工程具有绿色环保节能、实施项目成本低、经济收益可观等优点，尤其是在帮扶丧失劳动能力和缺乏致富能力的贫困群众方面，优势更为明显。因此，各级党委和政府也比较重视发挥光伏扶贫工程在精准扶贫精准脱贫中的作用。

2014年10月17日，国家能源局、国务院扶贫开发领导小组办公室联合印发了《关于实施光伏扶贫工程工作方案》，决定利用六年时间组织实施光伏扶贫工程。

《关于实施光伏扶贫工程工作方案》明确提出，以"统筹规划、分步实施政策扶持、依托市场，社会动员、合力推进，完善标准、保障质量"为工作原则，这是实施光伏扶贫工程的根本遵循。落实这项工程，需要完成七项主要工作：开展调查摸底；出台政策措施；开展首批光伏扶贫项目；编制全国光伏扶贫规划（2015—2020 年）；制订光伏扶贫年度方案并组织实施；加强技术指导加强实施监管。这七项工作内容，涵盖了光伏扶贫项目的各个环节，各地开展工作，基本上就是把这七项内容具体化。

光伏扶贫，是新技术条件下精准扶贫的新办法，也是化解光伏过剩产能的扶贫科学办法，实施光伏扶贫工程，贫困地区可以一举多得。建档立卡贫困户，安装分布式光伏发电系统，既可以满足贫困家庭日常用电，又可以并网卖电，获得长期稳定收益。村集体荒山荒地以及卫生所、村公所等集体资源，也可以用以安装光伏电站，所得收益可以作为集体资金投入村公益事业。通过光伏发电，就可以最大限度把闲置的资源盘活，把以前不能带来收益的资源变成增收资源。

开展光伏扶贫，确实存在项目"难落地、落地难、推进更难"的现实问题，而问题的症结，不在于技术不成熟，而在于资金不充足、贫困户房屋不适宜安装光伏电站、配套电力设施缺乏以及安装光伏电站后贫困户不懂电站维护管理等方面，这些问题中，资金问题是核心所在。只有解决好资金问题，才能顺利推进其余问题的解决。贫困地区本来就财政紧张，而实施光伏扶贫需要投入大量资金，一定程度上，加重了财政压力。缓解光伏扶贫的资金压力，可以开展政府和社会资本合作，合理划分"政府＋企业＋贫困户"的资金承担份额。实际上，政府无法全部承担光伏扶贫的全部费用，也不能全部承担。让贫困户出一定资金，其积极意义不仅是减轻财政负担，更在于让贫困户充分重视光伏扶贫工程，充分发挥主观能动性，积极配合工作，爱护光伏电站。据报道，部分已经安装光伏电站的贫困户，缺乏维护光伏电站的自主意识与管理能力。有的光伏电站，满是灰尘，也无人保洁，以至于光伏电站的利用率大大降低。所以，让贫困户自筹部分资金，能够起到督促贫困户主动进行维护光伏电站的积极作用。而针对部分贫困户房屋不具备安装光伏电站条件的情况，要注重创新工作方式，探索划拨公共土地供贫困户使用，但可以由贫困户具体负责管理维护。而解决配套电力设备缺乏的问题，归根到底也是解决资金缺乏问题。在多渠道筹集资金的同时，也可以根据"廉价、实用、易操作"的原则，与光伏公司协商合作，根据扶贫特殊条件，研发专门针对光伏扶贫项目的设备，并开发关于适合贫困户知识结构的运营维护课程，以便于贫困户掌握光伏发电的相关技术。

（八）构树扶贫工程

构树扶贫工程，是把"绿水青山"转化为"金山银山"的重要工程，做到了"开发"与"发展"相协调。这项工程，一方面有利于保护和改善贫困地区的自然生态环境，贯彻落实绿色发展理念，切实建设美丽中国，另一方面有利于发挥贫困户长期从事种植业的工作经验优势，增强建档立卡家庭的自我脱贫能力。所以，构树扶贫工程，能够平衡经济建设与生态文明建设。

那么，什么是"构树"呢？构树，别名褚桃，属于落叶乔木，高 10～20 米；树冠张开，卵形至广卵形，树皮平滑，浅灰色或灰褐色，不易裂，全株含乳汁；为强阳性树种，适应性特强，抗逆性强。这一树种，具有快速生长适应性强、分布广、易繁殖、热量高、轮伐期短的特点。根系浅，侧根分布很广，生长快，萌芽力和分蘖力强，耐修剪；抗污染性强。在中国的温带、热带均有分布，不论平原、丘陵或山地都能生长，其叶是很好的猪饲料，其韧皮纤维是造纸的高级原料，材质洁白，其根和种子均可入药，树液可治皮肤病，经济价值很高。构树鲜叶蛋白含量较高，是畜牧养殖的优质粗蛋白饲料。杂交构树速生丰产、多抗耐伐，在造纸、绿化等方面同样具有重要经济价值。此外构树生态价值也相当丰富，构树具有极强的吸附二氧化硫的作用，是工矿区的优质绿化树种，大面积种植可以减少酸雨的形成和危害。构树又有吸收抵抗污染物和尘埃的能力，在公路和城镇栽植，可起到净化空气、改善环境的作用，在石漠荒地和低湿滩涂，大力发展构树林，可使不毛之地披上绿装起到绿化环境、促进生态平衡，美化人们生活。中国除了西藏、新疆等地外，各地均有广泛分布。因为构树具有这样的特点，所以，通过构树扶贫工程，既可以促进畜牧业发展，又能减少对进口大豆饲料的依赖，并且构树还能在产业结构调整上，起到显著作用。

开展精准扶贫以来，"构树扶贫工程"被国务院扶贫办列入精准扶贫十大工程，并决定在山西、内蒙古、吉林、安徽、河南、广西、重庆、四川、贵州、甘肃、宁夏11个省（区、市）先行试点。试点地区结合具体中央政策，根据当地实际情况，在抓好构树扶贫工程的过程中，采用杂交构树品种以及产业化技术实施杂交构树"林—料—畜"一体化畜牧产业扶贫，充分发挥与构树有关的科研机构的技术支撑作用和农业领域龙头企业及专业合作社的示范带动作用，积极探索试点地区与贫困户增收的利益联结机制，不断创新精准扶贫要求下产业扶贫的政策支撑和推进途径。

贫困地区长期以农业为主要产业，开展构树扶贫工程，属于发展现代化农业，贫困地区群众，长期务农积累的工作经验，可以直接转化为栽种构树的脱贫致富能力。但是，在实际工作过程中，必须明确主管单位部门，及时与参加构树扶贫工程的贫困户进行沟通交流，务求做到及早发现问题、及早解决问题及早提高贫困户开展构树扶贫工程的能力，确保构树扶贫工程见实效。

（九）贫困村创业致富带头人培训工程

贫困村的贫困原因，各有各的不同，但是，综合多个贫困村的情况来看，一个相同点就是缺乏创业致富带头人。俗话说得好，"火车跑得快，全靠车头带"。找到一个创业致富带头人，就能培育一批脱贫致富追随者，就能培育一个因地制宜的贫困村特色产业，就能培育一个适合贫困村的经济增长点。在中国农村，创业致富的示范效应不可忽视，亲缘纽带的带动作用不可低估。但是，在城乡发展一体化的进程中，贫困地区的青壮年劳动力，尤其是中西部地区的劳动力，持续"东南飞"，这是东西部巨大的经济发展差距的必然结果。发达地区良好的公共设施、诱人的薪金收入以及广阔的工作平台，是每一个有梦想的青年人不能拒绝的"诱惑"。农村富余劳动力的转移，在为国家经济发展注入活力的同时，也导致"空心化""三留守"等社会问题，由此也导致在部分农村地区，"创业带头人"成为稀缺资源。

应该说，创业致富带头人在贫困村的创业发展过程中的作用至关重要。创业带头人是贫困村先进生产方式的具体化身，从事的产业很大程度暗示着该地经济的发展趋势，在自己发展的同时，也能够为从事同一行业的农民提供有效信息、交流有效经验，在当地生产经营决策中起着示范、指导和引领作用，创业带头人是激活贫困地区发展动力的"催化剂"。国家将贫困村创业致富带头人培训作为一项重要工程，就是希望通过这个办法，培养一批能够当促进农村经济发展的创业人才，并且更重要的是创造一个精准脱贫的新模式。

实施贫困村创业致富带头人培训工程，聚焦于建档立卡的贫困户，尤其注重培养建档立卡贫困户中有潜力的亲属子女，此外，返乡创业的农民工以及返乡大学生，通过村组织推荐或自荐的方式，也可以纳入培训工程考察对象。确定的培训对象，可由相关部门统一筹集培训费用、统一组织培训，也可以创新培训渠道，和已有成果的地方、社会组织或者高校进行合作，把"财富"转化成"带来财富的能力"。与其他工程相比，这项扶贫工程，最大的不同，就在于带动效应明显。塑造一个创业带头人，就能营造全民创业的良好氛围，激发贫困群众发家致富就水到渠成。如果能够在贫困村中，结合当地资源特色，选准适合产业，有目的、有规划地培训出一批创业带头人，挖掘一个或几个产业，并且充分发挥贫困乡村的血缘优势和地缘优势，就可以通过一个人的创业，最大限度地拓宽贫困户的收入渠道。燃起一把火，照亮一片天；支持一个人创业就能带动一批人就业。换言之，这项工程，既是促进创业的培训工程，又是保障就业的民生工程。

抓好这个工程，关键在于实现培训效果的最优化。创业带头人在培训中，要理论联系实际，努力把培训过程中学到的思想理论、先进经验转化为创业实践、创业成果；要在学习中实践中，解放思想、转变观念、增强干劲，在提高创业成功率方面做足硬功夫，切实巩固创业致富的信心和决心。在一定时期一定范围内，贫困地区各级政府，可以根据创业带头人的努力程度与努力成果，把扶持创业带头人放在脱贫攻坚的主要位置，围绕创业带头人及其产业项目配置扶贫资源，让创业带头人愿意回来创业，能够安心创业，能够收获创业成果，努力形成一个或多个成功的创业典范。

（十）龙头企业带动工程

产业扶贫是贫困地区持续发展的根基、是贫困户精准脱贫的依托。产业扶贫离不开主体支撑带动，特别是经济实力、社会影响力和联结带动能力都比较强的农业产业化龙头企业。近年来龙头企业积极响应中央号召，主动承担社会责任，深度参与扶贫开发，对贫困地区产业"输血、换血、造血"，回答了产业扶贫"扶持谁、谁来扶、怎么扶"的问题，探索出很多行之有效的模式和经验。很多企业采取"龙头企业＋基地＋贫困农户""龙头企业＋合作社＋贫困农户""龙头企业＋'一村一品'专业村镇"等方式，带动贫困地区开发利用特殊资源禀赋，采取"一村一品"的方式发展特色主导产业，让贫困农户分享农村产业融合发展的增值收益。截至2016年底，832个国家级贫困县已发展'一村一品'专业村1.4万个，农民人均可支配收入9 776元。龙头企业积极发挥自身优势，进一步支持带动贫困地区特色产业发展，创新完善与贫困农户的利益联结机制，农民均可成为产业扶贫、精准扶贫的主力军，带动贫困农户"摘贫帽、奔富路"，实现精准共赢发展。

落实精准扶贫精准脱贫任务，主要的组织者是党委政府，但又不局限于党委政府。引入社会力量，尤其是发挥龙头企业的带动作用，更能形成多元化的扶贫力量，更能增强贫困地区贫困人口的造血能力。

培育一个龙头企业，往往就能扶起一个产业，就能带动一批群众就业。就业机会，就意味着致富机会，贫困户参加龙头企业的经营，在贡献劳动力的同时，还可以根据劳动要素得到报酬，真正实现了脱贫致富。实际上，龙头企业的带动作用，不仅在于经济上的脱贫致富，更重要的在于用实际成绩、实际行动，破除了"等靠要"的思想贫困，搭建了勤劳致富的努力舞台。

发挥龙头企业的带动作用，与其喊破嗓子、层层发文、级级开会，不如树立一个榜样，剖析一个例子，特别是基层组织，要善于挖掘群众当中的典型事例，要善于从普通群众中脱颖而出的榜样身上，发现建设龙头企业的一般规律。改革开放以来，各地涌现的龙头企业，有效地推动了当地经济社会发展，形成了一大批有标志性意义的龙头企业。

在精准扶贫精准脱贫过程中，实施龙头企业带动工程，可以围绕适合该贫困地区的主导产业，实施精准的招商引资政策，确保扶贫开发的资源利用效率最大化。这样做有三个层面的积极作用：宏观上，有利于通过龙头企业引领贫困地区经济的转型升级；中观上，有利于把原本就存在于贫困村的各种产业的"游击队"，通过龙头企业的组织，改组为"集团军"；微观上，有利于激发贫困群众的创业创新热情，让"想致富，肯吃苦"的群众，持有龙头企业的股份或者独自承担龙头企业的部分业务，让龙头企业的"大老板"带动更多的"小老板"。

当然，也要辩证看待龙头企业的培育和带动问题。党的十八届三中全会提出的让市场在资源配置中的决定性作用和政府更好发挥作用，从根本上讲清了龙头企业发展的根本推动力量在于市场，而不在于政府。精准扶贫，就是要弥补市场失灵，要更好发挥政府作用。扶持龙头企业，绝不是为了扶持而扶持，更不能为了短期内精准脱贫而"制造"龙头企业。违背市场规律的人为创造的龙头企业，只能实现短期内繁荣，要避免昔日的致富发动机变成了明日脱贫群众返贫的总根源。

因此，各级政府在扶持龙头企业时，一定要充分考察市场需求，充分尊重市场规律，做到补位而不越位，在顺应市场趋势的情况下扶持龙头企业，保证有足够的市场，消化龙头企业的产品。

五年来，在推进龙头企业带动工程中，涌现出了一大批农业龙头企业。这些企业以强烈的社会责任使命意识，积极投身产业扶贫，为打赢精准脱贫攻坚战作出了巨大贡献。山西大象农牧集团有限公司以"养好一只鸡，发展一头猪"为目标，主要推广"211"发展模式，让一对夫妇经营一栋猪舍，年收入达到20万元以上，基本实现当年投资、当年回本。目前这一模式已在山西省遍地开花，带动全省865户生猪养殖户，户均商品猪规模635头，实现农户增收1.3亿余元。湖北省采花茶业有限公司采茶制茶的季节性用工，优先招用贫困户，每个贫困农户在生产季高峰期每月收入超过5 000元。该公司同时开发了"茶旅结合"的新路子，打造了集土家族茶乡风情和采花茶文化特色的旅游路线，带动全县500多个农户以办农家乐、售卖土特产等形式，成功实现就地就业创业。浏阳河集团股份有限公司成立了专项基金，实行产品销售"两分钱工程"，每销售一件产品提取2分钱用于扶贫帮困，目前已筹集资金600多万元。此外，公司还为贫困户量身订制了一个脱贫致富的计划，找准产业项目，从资金、技术等方面给予一对一帮扶。呼伦贝尔（肉业）集团股份有限公司由各乡镇政府把扶贫资金集中购买和养殖肉牛，公司提供牛舍和养殖设备并进行集中育肥饲养，每年按照政府投入扶贫资金的8%来向当地贫困户支付收益。农户还可以在扶贫牛舍中入股，参股养殖户负责日常生产经验的管理，年终盈利部分养殖户可以获得总利润20%的回报。新希望集团在生猪养殖方面创造出了精准扶贫的新模式，精准地把一个乃至几个村的贫困户纳入了现代化生猪养殖的合作平台，使贫困户享有持续股权收益，确保不再返贫、持续增收。让贫困户与合作平台建立起了共投、共管、共享的机制，为村集体经济带来了持续受益，实现了精准扶贫脱贫的多赢局面。北京德青源农业科技有限公司开展"金鸡产业扶贫"，放大政府扶贫资金，按照1：1：1筹措项目资金，建设金鸡产业园，实行标准化的建设和运营，并且组织贫困群众参与就业培训。贫困群众6个月就可以拿到收益，经营风险由运营公司承担，贫困群众可以通过金鸡项目获得15年的长期稳定收益。

　　五年来，在习近平总书记关于扶贫工作的重要论述的指引下，在党中央的坚强领导下，精准扶贫十项工程全面开花、硕果累累。为加强脱贫攻坚一线工作力量，2013年12月，中共中央办公厅、国务院办公厅印发关于创新机制扎实推进农村扶贫开发工作的意见，要求每个贫困村都有驻村工作队。2015年4月，中央有关单位印发关于做好选派机关优秀干部到村任第一书记工作的通知。各地在以前工作基础上，深入推进抓党建促脱贫攻坚，进一步加大驻村干部选派力度，按照因村派人原则，选派政治素质好、工作能力强、工作作风实的干部驻村扶贫。要求驻村干部一般要任满两年。对干得好的予以表彰宣传、提拔使用，对不符合要求、不胜任工作的及时召回撤换。十八大以来，全国累计选派驻村干部277.8万人，实现驻村工作队对建档立卡贫困村全覆盖。各地逐步完善第一书记和驻村工作队管理，严格选派条件，明确职责任务，建立管理制度强化考核奖惩。据不完全统计，两年来，全国共提拔工作业绩突出的第一书记1.2万名，召回调整不胜任的第一书记7 200名。第一书记和驻村干部广泛宣传党的政策，落实精准扶贫精准脱贫基本方略，把党的温暖送到千家万户，不仅帮助贫困村贫困户实现脱贫，而且自己得到锻炼和提高。

按照因地制宜、因村因户因人施策的工作要求，推进"五个一批"工程。发展特色产业脱贫，支持贫困村、贫困户因地制宜发展种养业和传统手工业。培育贫困地区农民合作社和龙头企业，发挥其对贫困人口的组织和带动作用。引导劳务输出脱贫，支持农村贫困家庭新成长劳动力接受职业教育，动员全国千所技能培训学校为有就业意愿的建档立卡贫困人口免费提供培训就业服务；湖南、湖北两省与广东省开展扶贫劳务协作试点并在全国推开；在贫困村建设扶贫车间，实现贫困人口就近转移就业。截至 2017 年 8 月，481 万贫困人口通过务工实现稳定就业。实施易地搬迁脱贫，对居住在"一方水土养不起一方人"地区的贫困群众实施易地扶贫搬迁，坚持搬迁与产业、就业、公共服务同步规划，确保搬得出、稳得住、能致富。党的十八大以来，共实施易地扶贫搬迁 489.6 万人。加强教育脱贫，实施农村义务教育阶段学生营养改善计划，面向贫困地区定向招生专项计划，免除公办普通高中建档立卡等家庭经济困难学生学杂费。推进健康扶贫，城乡居民基本医疗保险，大病保险，医疗救助对建档立卡贫困人口全覆盖，组织实施大病集中救治一批、慢病签约服务管理一批，重病兜底保障一批。推动农村最低生活保障制度与扶贫开发政策有效衔接。还积极探索生态保护扶贫、乡村旅游扶贫、光伏扶贫、电商扶贫等精准扶贫新路径。

🔍 原文再现

习近平同志针对浙江先期遇到保护生态环境与加快经济发展的尖锐矛盾和激烈冲突，强调"过去讲既要绿水青山，也要金山银山，其实绿水青山就是金山银山""要坚定不移地走这条路"（2005 年 8 月 15 日在安吉县天荒坪镇余村考察时的讲话），指出"绿水青山可带来金山银山，但金山银山却买不到绿水青山""如果能够把这些生态环境优势转化为生态农业、生态工业、生态旅游等生态经济的优势，那么绿水青山也就变成了金山银山"（2005年8月24日在《浙江日报》"之江新语"栏目评论），作出了建设生态省、打造"绿色浙江"的战略决策。这是人类文明发展理念的嬗变和升华，是经济社会发展方式的认识飞跃，是走向社会主义生态文明新时代的重要理论遵循和实践指南，有力推动了浙江省生态文明建设。

八　精准扶贫文件选编和
习近平总书记系列讲话

（一）精准扶贫文件选编

中共中央　国务院关于打赢脱贫攻坚战的决定

（2015 年 11 月 29 日）

确保到 2020 年农村贫困人口实现脱贫，是全面建成小康社会最艰巨的任务。现就打赢脱贫攻坚战作出如下决定。

一、增强打赢脱贫攻坚战的使命感紧迫感

消除贫困、改善民生、逐步实现共同富裕，是社会主义的本质要求，是我们党的重要使命。改革开放以来，我们实施大规模扶贫开发，使 7 亿农村贫困人口摆脱贫困，取得了举世瞩目的伟大成就，谱写了人类反贫困历史上的辉煌篇章。党的十八大以来，我们把扶贫开发工作纳入"四个全面"战略布局，作为实现第一个百年奋斗目标的重点工作，摆在更加突出的位置，大力实施精准扶贫，不断丰富和拓展中国特色扶贫开发道路，不断开创扶贫开发事业新局面。

我国扶贫开发已进入啃硬骨头、攻坚拔寨的冲刺期。中西部一些省（自治区、直辖市）贫困人口规模依然较大，剩下的

贫困人口贫困程度较深，减贫成本更高，脱贫难度更大。实现到 2020 年让 7 000 多万农村贫困人口摆脱贫困的既定目标，时间十分紧迫、任务相当繁重。必须在现有基础上不断创新扶贫开发思路和办法，坚决打赢这场攻坚战。

扶贫开发事关全面建成小康社会，事关人民福祉，事关巩固党的执政基础，事关国家长治久安，事关我国国际形象。打赢脱贫攻坚战，是促进全体人民共享改革发展成果、实现共同富裕的重大举措，是体现中国特色社会主义制度优越性的重要标志，也是经济发展新常态下扩大国内需求、促进经济增长的重要途径。各级党委和政府必须把扶贫开发工作作为重大政治任务来抓，切实增强责任感、使命感和紧迫感，切实解决好思想认识不到位、体制机制不健全、工作措施不落实等突出问题，不辱使命、勇于担当、只争朝夕、真抓实干，加快补齐全面建成小康社会中的这块突出短板，决不让一个地区、一个民族掉队，实现《中共中央关于制定国民经济和社会发展第十三个五年规划的建议》确定的脱贫攻坚目标。

二、打赢脱贫攻坚战的总体要求

（一）指导思想

全面贯彻落实党的十八大和十八届二中、三中、四中、五中全会精神，以邓小平理论、"三个代表"重要思想、科学发展观为指导，深入贯彻习近平总书记系列重要讲话精神，围绕"四个全面"战略布局，牢固树立并切实贯彻创新、协调、绿色、开放、共享的发展理念，充分发挥政治优势和制度优势，把精准扶贫、精准脱贫作为基本方略，坚持扶贫开发与经济社会发展相互促进，坚持精准帮扶与集中连片特殊困难地区开发紧密结合，坚持扶贫开发与生态保护并重，坚持扶贫开发与社会保障有效衔接，咬定青山不放松，采取超常规举措，拿出过硬办法，举全党全社会之力，坚决打赢脱贫攻坚战。

（二）总体目标

到 2020 年，稳定实现农村贫困人口不愁吃、不愁穿、义务教育、基本医疗和住房安全有保障。实现贫困地区农民人均可支配收入增长幅度高于全国平均水平，基本公共服务主要领域指标接近全国平均水平。确保我国现行标准下农村贫困人口实现脱贫，贫困县全部摘帽，解决区域性整体贫困。

（三）基本原则

——**坚持党的领导，夯实组织基础。**充分发挥各级党委总揽全局、协调各方的领导核心作用，严格执行脱贫攻坚一把手负责制，省市县乡村五级书记一起抓。切实加强贫困地区农村基层党组织建设，使其成为带领群众脱贫致富的坚强战斗堡垒。

——**坚持政府主导，增强社会合力。**强化政府责任，引领市场、社会协同发力，鼓励先富帮后富，构建专项扶贫、行业扶贫、社会扶贫互为补充的大扶贫格局。

——**坚持精准扶贫，提高扶贫成效。**扶贫开发贵在精准，重在精准，必须解决好扶持谁、谁来扶、怎么扶的问题，做到扶真贫、真扶贫、真脱贫，切实提高扶贫成果可持续性，让贫困人口有更多的获得感。

——**坚持保护生态，实现绿色发展。**牢固树立绿水青山就是金山银山的理念，把生态保护放在优先位置，扶贫开发不能以牺牲生态为代价，探索生态脱贫新路子，让贫困人口从生态建设与修复中得到更多实惠。

——**坚持群众主体，激发内生动力。**继续推进开发式扶贫，处理好国家、社会帮扶和自身努力的关系，发扬自力更生、艰苦奋斗、勤劳致富精神，充分调动贫困地区干部群众积极性和创造性，注重扶贫先扶智，增强贫困人口自我发展能力。

——**坚持因地制宜，创新体制机制。**突出问题导向，创新扶贫开发路径，由"大水漫灌"向"精准滴灌"转变；创新扶贫资源使用方式，由多头分散向统筹集中转变；创新扶贫开发模式，由偏重"输血"向注重"造血"转变；创新扶贫考评体系，由侧重考核地区生产总值向主要考核脱贫成效转变。

三、实施精准扶贫方略，加快贫困人口精准脱贫

（一）健全精准扶贫工作机制

抓好精准识别、建档立卡这个关键环节，为打赢脱贫攻坚战打好基础，为推进城乡发展一体化、逐步实现基本公共服务均等化创造条件。按照扶持对象精准、项目安排精准、资金使用精准、措施到户精准、因村派人精准、脱贫成效精准的要求，使建档立卡贫困人口中有 5 000 万人左右通过产业扶持、转移就业、易地搬迁、教育支持、医疗救助等措施实现脱贫，其余完全或部分丧失劳动能力的贫困人口实行社保政策兜底脱贫。对建档立卡贫困村、贫困户和贫困人口定期进行全面核查，建立精准扶贫台账，实行有进有出的动态管理。根据致贫原因和脱贫需求，对贫困人口实行分类扶持。建立贫困户脱贫认定机制，对已经脱贫的农户，在一定时期内让其继续享受扶贫相关政策，避免出现边脱贫、边返贫现象，切实做到应进则进、应扶则扶。抓紧制定严格、规范、透明的国家扶贫开发工作重点县退出标准、程序、核查办法。重点县退出，由县提出申请，市（地）初审，省级审定，报国务院扶贫开发领导小组备案。重点县退出后，在攻坚期内国家原有扶贫政策保持不变，抓紧制定攻坚期后国家帮扶政策。加强对扶贫工作绩效的社会监督，开展贫困地区群众扶贫满意度调查，建立对扶贫政策落实情况和扶贫成效的第三方评估机制。评价精准扶贫成效，既要看减贫数量，更要看脱贫质量，不提不切实际的指标，对弄虚作假搞"数字脱贫"的，要严肃追究责任。

（二）发展特色产业脱贫

制定贫困地区特色产业发展规划。出台专项政策，统筹使用涉农资金，重点支持贫困村、贫困户因地制宜发展种养业和传统手工业等。实施贫困村"一村一品"产业推进行动，扶持建设一批贫困人口参与度高的特色农业基地。加强贫困地区农民合作社和龙头企业培育，发挥其对贫困人口的组织和带动作用，强化其与贫困户的利益联结机制。支持贫困地区发展农产品加工业，加快三次产业融合发展，让贫困户更多分享农业全产业链和价值链增值收益。加大对贫困地区农产品品牌推介营销支持力度。依托贫困地区特有的自然人文资源，深入实施乡村旅游扶贫工程。科学合理有序开发贫困地区水电、煤炭、油气等资源，调整完善资源开发收益分配政策。探索水电利益共享机制，将从发电中提取的资金优先用于水库移民和库区后续发展。引导中央企业、民营企业分别设立贫困地区产业投资基金，采取市场化运作方式，主要用于吸引企业到贫困地区从事资源开发、产业园区建设、新型城镇化发展等。

（三）引导劳务输出脱贫

加大劳务输出培训投入，统筹使用各类培训资源，以就业为导向，提高培训的针对性和有效性。加大职业技能提升计划和贫困户教育培训工程实施力度，引导企业扶贫与职业教育相结合，鼓励职业院校和技工学校招收贫困家庭子女，确保贫困家庭劳动力至少掌握一门致富技能，实现靠技能脱贫。进一步加大就业专项资金向贫困地区转移支付力度。支持贫困地区建设县乡基层劳动就业和社会保障服务平台，引导和支持用人企业在贫困地区建立劳务培训基地，开展好订单定向培训，建立和完善输出地与输入地劳务对接机制。鼓励地方对跨省务工的农村贫困人口给予交通补助。大力支持家政服务、物流配送、养老服务等产业发展，拓展贫困地区劳动力外出就业空间。加大对贫困地区农民工返乡创业政策扶持力度。对在城镇工作生活一年以上的农村贫困人口，输入地政府要承担相应的帮扶责任，并优先提供基本公共服务，促进有能力在城镇稳定就业和生活的农村贫困人口有序实现市民化。

（四）实施易地搬迁脱贫

对居住在生存条件恶劣、生态环境脆弱、自然灾害频发等地区的农村贫困人口，加快实施易地扶贫搬迁工程。坚持群众自愿、积极稳妥的原则，因地制宜选择搬迁安置方式，合理确定住房建设标准，完善搬迁后续扶持政策，确保搬迁对象有业可就、稳定脱贫，做到搬得出、稳得住、能致富。要紧密结合推进新型城镇化，编制实施易地扶贫搬迁规划，支持有条件的地方依托小城镇、工业园区安置搬迁群众，帮助其尽快实现转移就业，享有与当地群众同等的基本公共服务。加大中央预算内投资和地方各级政府投入力度，创新投融资机制，拓宽资金来源渠道，提高补助标准。积极整合交通建设、农田水利、土地整治、地质灾害防治、林业生态等支农资金和社会资金，支持安置区配套公共设施建设和迁出区生态修复。利用城乡建设用地增减挂钩政策支持易地扶贫搬迁。为符合条件的搬迁户提供建房、生产、创业贴息贷款支持。支持搬迁安置点发展物业经济，增加搬迁户财产性收入。探索利用农民进城落户后自愿有偿退出的农村空置房屋和土地安置易地搬迁农户。

（五）结合生态保护脱贫

国家实施的退耕还林还草、天然林保护、防护林建设、石漠化治理、防沙治沙、湿地保护与恢复、坡耕地综合整治、退牧还草、水生态治理等重大生态工程，在项目和资金安排上进一步向贫困地区倾斜，提高贫困人口参与度和受益水平。加大贫困地区生态保护修复力度，增加重点生态功能区转移支付。结合建立国家公园体制，创新生态资金使用方式，利用生态补偿和生态保护工程资金使当地有劳动能力的部分贫困人口转为护林员等生态保护人员。合理调整贫困地区基本农田保有指标，加大贫困地区新一轮退耕还林还草力度。开展贫困地区生态综合补偿试点，健全公益林补偿标准动态调整机制，完善草原生态保护补助奖励政策，推动地区间建立横向生态补偿制度。

（六）着力加强教育脱贫

加快实施教育扶贫工程，让贫困家庭子女都能接受公平有质量的教育，阻断贫困代际传递。国家教育经费向贫困地区、基础教育倾斜。健全学前教育资助制度，帮助农村贫困家庭幼儿接受学前教育。稳步推进贫困地区农村义务教育阶段学生营养改善计划。加大对乡村教师队伍建设的支持力度，特岗计划、国培计划向贫困地区基层倾斜，为贫困地区乡村学校定向培养留得下、稳得住的一专多能教师，制定符合基层实际的教师招聘引进办法，建立省级统筹乡村教师补充机制，推动城乡教师合理流动和对口支援。全面落实连片特困地区乡村教师生活补助政策，建立乡村教师荣誉制度。合理布局贫困地区农村中小学校，改善基本办学条件，加快标准化建设，加强寄宿制学校建设，提高义务教育巩固率。普及高中阶段教育，率先从建档立卡的家庭经济困难学生实施普通高中免除学杂费、中等职业教育免除学杂费，让未升入普通高中的初中毕业生都能接受中等职业教育。加强有专业特色并适应市场需求的中等职业学校建设，提高中等职业教育国家助学金资助标准。努力办好贫困地区特殊教育和远程教育。建立保障农村和贫困地区学生上重点高校的长效机制，加大对贫困家庭大学生的救助力度。对贫困家庭离校未就业的高校毕业生提供就业支持。实施教育扶贫结对帮扶行动计划。

（七）开展医疗保险和医疗救助脱贫

实施健康扶贫工程，保障贫困人口享有基本医疗卫生服务，努力防止因病致贫、因病返贫。对贫困人口参加新型农村合作医疗个人缴费部分由财政给予补贴。新型农村合作医疗和大病保险制度对贫困人口实行政策倾斜，门诊统筹率先覆盖所有贫困地区，降低贫困人口大病费用实际支出，对新型农村合作医疗和大病保险支付后自负费用仍有困难的，加大医疗救助、临时救助、慈善救助等帮扶力度，将贫困人口全部纳入重特大疾病救助范围，使贫困人口大病医治得到有效保障。加大农村贫困残疾人康复服务和医疗救助力度，扩大纳入基本医疗保险范围的残疾人医疗康复项目。建立贫困人口健康卡。对贫困人口大病实行分类救治和先诊疗后付费的结算机制。建立全国三级医院（含军队和武警部队医院）与连片特困地区县和国家扶贫开发工作重点县县级医院稳定持续的一对一帮扶关系。完成贫困地区县乡村三级医疗卫生服务网络标准化建设，积极促进远程医疗诊治和保健咨询服务向贫困地区延伸。为贫困地区县乡医疗卫生机构订单定向免费培养医学类本专科学生，支持贫困地区实施全科医生和专科医生特设岗位计划，制定符合基层实际的人才招聘引进办法。支持和引导符合条件的贫困地区乡村医生按规定参加城镇职工基本养老保险。采取针对性措施，加强贫困地区传染病、地方病、慢性病等防治工作。全面实施贫困地区儿童营养改善、新生儿疾病免费筛查、妇女"两癌"免费筛查、孕前优生健康免费检查等重大公共卫生项目。加强贫困地区计划生育服务管理工作。

（八）实行农村最低生活保障制度兜底脱贫

完善农村最低生活保障制度，对无法依靠产业扶持和就业帮助脱贫的家庭实行政策性保障兜底。加大农村低保省级统筹力度，低保标准较低的地区要逐步达到国家扶贫标准。尽快制定农村最低生活保障制度与扶贫开发政策有效衔接的实施方案。进一步加强农村低保申请家庭经济状况核查工作，将所有符合条件的贫困家庭纳入低保范围，做到应保尽保。加大临时救助制度在贫困地区落实力度。提高农村特困人员供养水平，改善供养条件。抓紧建立农村低保和扶贫开发的数据互通、资源共享信息平台，实现动态监测管理、工作机制有效衔接。加快完善城乡居民基本养老保险制度，适时提高基础养老金标准，引导农村贫困人口积极参保续保，逐步提高保障水平。有条件、有需求地区可以实施"以粮济贫"。

（九）探索资产收益扶贫

在不改变用途的情况下，财政专项扶贫资金和其他涉农资金投入设施农业、养殖、光伏、水电、乡村旅游等项目形成的资产，具备条件的可折股量化给贫困村和贫困户，尤其是丧失劳动能力的贫困户。资产可由村集体、合作社或其他经营主体统一经营。要强化监督管理，明确资产运营方对财政资金形成资产的保值增值责任，建立健全收益分配机制，确保资产收益及时回馈持股贫困户。支持农民合作社和其他经营主体通过土地托管、牲畜托养和吸收农民土地经营权入股等方式，带动贫困户增收。贫困地区水电、矿产等资源开发，赋予土地被占用的村集体股权，让贫困人口分享资源开发收益。

（十）健全留守儿童、留守妇女、留守老人和残疾人关爱服务体系

对农村"三留守"人员和残疾人进行全面摸底排查，建立详实完备、动态更新的信息管理系统。加强儿童福利院、救助保护机构、特困人员供养机构、残疾人康复托养机构、社区儿童之家等服务设施和队伍建设，不断提高管理服务水平。建立家庭、学校、基层组织、政府和社会力量相衔接的留守儿童关爱服务网络。加强对未成年人的监护，健全孤儿、事实无人抚养儿童、低收入家庭重病重残等困境儿童的福利保障体系。健全发现报告、应急处置、帮扶干预机制，帮助特殊贫困家庭解

决实际困难。加大贫困残疾人康复工程、特殊教育、技能培训、托养服务实施力度。针对残疾人的特殊困难，全面建立困难残疾人生活补贴和重度残疾人护理补贴制度。对低保家庭中的老年人、未成年人、重度残疾人等重点救助对象，提高救助水平，确保基本生活。引导和鼓励社会力量参与特殊群体关爱服务工作。

四、加强贫困地区基础设施建设，加快破除发展瓶颈制约

（一）加快交通、水利、电力建设

推动国家铁路网、国家高速公路网连接贫困地区的重大交通项目建设，提高国道省道技术标准，构建贫困地区外通内联的交通运输通道。大幅度增加中央投资投入中西部地区和贫困地区的铁路、公路建设，继续实施车购税对农村公路建设的专项转移政策，提高贫困地区农村公路建设补助标准，加快完成具备条件的乡镇和建制村通硬化路的建设任务，加强农村公路安全防护和危桥改造，推动一定人口规模的自然村通公路。加强贫困地区重大水利工程、病险水库水闸除险加固、灌区续建配套与节水改造等水利项目建设。实施农村饮水安全巩固提升工程，全面解决贫困人口饮水安全问题。小型农田水利、"五小水利"工程等建设向贫困村倾斜。对贫困地区农村公益性基础设施管理养护给予支持。加大对贫困地区抗旱水源建设、中小河流治理、水土流失综合治理力度。加强山洪和地质灾害防治体系建设。大力扶持贫困地区农村水电开发。加强贫困地区农村气象为农服务体系和灾害防御体系建设。加快推进贫困地区农网改造升级，全面提升农网供电能力和供电质量，制定贫困村通动力电规划，提升贫困地区电力普遍服务水平。增加贫困地区年度发电指标。提高贫困地区水电工程留存电量比例。加

快推进光伏扶贫工程，支持光伏发电设施接入电网运行，发展光伏农业。

（二）加大"互联网＋"扶贫力度

完善电信普遍服务补偿机制，加快推进宽带网络覆盖贫困村。实施电商扶贫工程。加快贫困地区物流配送体系建设，支持邮政、供销合作等系统在贫困乡村建立服务网点。支持电商企业拓展农村业务，加强贫困地区农产品网上销售平台建设。加强贫困地区农村电商人才培训。对贫困家庭开设网店给予网络资费补助、小额信贷等支持。开展互联网为农便民服务，提升贫困地区农村互联网金融服务水平，扩大信息进村入户覆盖面。

（三）加快农村危房改造和人居环境整治

加快推进贫困地区农村危房改造，统筹开展农房抗震改造，把建档立卡贫困户放在优先位置，提高补助标准，探索采用贷款贴息、建设集体公租房等多种方式，切实保障贫困户基本住房安全。加大贫困村生活垃圾处理、污水治理、改厕和村庄绿化美化力度。加大贫困地区传统村落保护力度。继续推进贫困地区农村环境连片整治。加大贫困地区以工代赈投入力度，支持农村山水田林路建设和小流域综合治理。财政支持的微小型建设项目，涉及贫困村的，允许按照一事一议方式直接委托村级组织自建自管。以整村推进为平台，加快改善贫困村生产生活条件，扎实推进美丽宜居乡村建设。

（四）重点支持革命老区、民族地区、边疆地区、连片特困地区脱贫攻坚

出台加大脱贫攻坚力度支持革命老区开发建设指导意见，加快实施重点贫困革命老区振兴发展规划，扩大革命老区财政转移支付规模。加快推进民族地区重大基础设施项目和民生工程建设，实施少数民族特困地区和特困群体综合扶贫工程，出台人口较少民族整体脱贫的特殊政策措施。改善边疆民族地区

义务教育阶段基本办学条件，建立健全双语教学体系，加大教育对口支援力度，积极发展符合民族地区实际的职业教育，加强民族地区师资培训。加强少数民族特色村镇保护与发展。大力推进兴边富民行动，加大边境地区转移支付力度，完善边民补贴机制，充分考虑边境地区特殊需要，集中改善边民生产生活条件，扶持发展边境贸易和特色经济，使边民能够安心生产生活、安心守边固边。完善片区联系协调机制，加快实施集中连片特殊困难地区区域发展与脱贫攻坚规划。加大中央投入力度，采取特殊扶持政策，推进西藏、四省藏区和新疆南疆四地州脱贫攻坚。

五、强化政策保障，健全脱贫攻坚支撑体系

（一）加大财政扶贫投入力度

发挥政府投入在扶贫开发中的主体和主导作用，积极开辟扶贫开发新的资金渠道，确保政府扶贫投入力度与脱贫攻坚任务相适应。中央财政继续加大对贫困地区的转移支付力度，中央财政专项扶贫资金规模实现较大幅度增长，一般性转移支付资金、各类涉及民生的专项转移支付资金和中央预算内投资进一步向贫困地区和贫困人口倾斜。加大中央集中彩票公益金对扶贫的支持力度。农业综合开发、农村综合改革转移支付等涉农资金要明确一定比例用于贫困村。各部门安排的各项惠民政策、项目和工程，要最大限度地向贫困地区、贫困村、贫困人口倾斜。各省（自治区、直辖市）要根据本地脱贫攻坚需要，积极调整省级财政支出结构，切实加大扶贫资金投入。从2016年起通过扩大中央和地方财政支出规模，增加对贫困地区水电路气网等基础设施建设和提高基本公共服务水平的投入。建立健全脱贫攻坚多规划衔接、多部门协调长效机制，整合目标相近、方向类同的涉农资金。按照权责一致原则，支持连片特困

地区县和国家扶贫开发工作重点县围绕本县突出问题，以扶贫规划为引领，以重点扶贫项目为平台，把专项扶贫资金、相关涉农资金和社会帮扶资金捆绑集中使用。严格落实国家在贫困地区安排的公益性建设项目取消县级和西部连片特困地区地市级配套资金的政策，并加大中央和省级财政投资补助比重。在扶贫开发中推广政府与社会资本合作、政府购买服务等模式。加强财政监督检查和审计、稽查等工作，建立扶贫资金违规使用责任追究制度。纪检监察机关对扶贫领域虚报冒领、截留私分、贪污挪用、挥霍浪费等违法违规问题，坚决从严惩处。推进扶贫开发领域反腐倡廉建设，集中整治和加强预防扶贫领域职务犯罪工作。贫困地区要建立扶贫公告公示制度，强化社会监督，保障资金在阳光下运行。

（二）加大金融扶贫力度

鼓励和引导商业性、政策性、开发性、合作性等各类金融机构加大对扶贫开发的金融支持。运用多种货币政策工具，向金融机构提供长期、低成本的资金，用于支持扶贫开发。设立扶贫再贷款，实行比支农再贷款更优惠的利率，重点支持贫困地区发展特色产业和贫困人口就业创业。运用适当的政策安排，动用财政贴息资金及部分金融机构的富余资金，对接政策性、开发性金融机构的资金需求，拓宽扶贫资金来源渠道。由国家开发银行和中国农业发展银行发行政策性金融债，按照微利或保本的原则发放长期贷款，中央财政给予90%的贷款贴息，专项用于易地扶贫搬迁。国家开发银行、中国农业发展银行分别设立"扶贫金融事业部"，依法享受税收优惠。中国农业银行、邮政储蓄银行、农村信用社等金融机构要延伸服务网络，创新金融产品，增加贫困地区信贷投放。对有稳定还款来源的扶贫项目，允许采用过桥贷款方式，撬动信贷资金投入。按照省（自治区、直辖市）负总责的要求，建立和完善省级扶贫开发投融资主体。支持农村信用社、村镇银行等金融机构为贫困户提供免抵押、免担保扶贫小额信贷，由财政按基础利率贴息。加大创业担保贷款、助学贷款、妇女小额贷款、康复扶贫贷款实施力度。优先支持在贫困地区设立村镇银行、小额贷款公司等机构。支持贫困地区培育发展农民资金互助组织，开展农民合作社信用合作试点。支持贫困地区设立扶贫贷款风险补偿基金。支持贫困地区设立政府出资的融资担保机构，重点开展扶贫担保业务。积极发展扶贫小额贷款保证保险，对贫困户保证保险保费予以补助。扩大农业保险覆盖面，通过中央财政以奖代补等支持贫困地区特色农产品保险发展。加强贫困地区金融服务基础设施建设，优化金融生态环境。支持贫困地区开展特色农产品价格保险，有条件的地方可给予一定保费补贴。有效拓展贫困地区抵押物担保范围。

（三）完善扶贫开发用地政策

支持贫困地区根据第二次全国土地调查及最新年度变更调查成果，调整完善土地利用总体规划。新增建设用地计划指标优先保障扶贫开发用地需要，专项安排国家扶贫开发工作重点县年度新增建设用地计划指标。中央和省级在安排土地整治工程和项目、分配下达高标准基本农田建设计划和补助资金时，要向贫困地区倾斜。在连片特困地区和国家扶贫开发工作重点县开展易地扶贫搬迁，允许将城乡建设用地增减挂钩指标在省域范围内使用。在有条件的贫困地区，优先安排国土资源管理制度改革试点，支持开展历史遗留工矿废弃地复垦利用、城镇低效用地再开发和低丘缓坡荒滩等未利用地开发利用试点。

（四）发挥科技、人才支撑作用

加大科技扶贫力度，解决贫困地区特色产业发展和生态建设中的关键技术问题。加大技术创新引导专项（基金）对科技扶贫的支持，加快先进适用技术成果在贫困地区的转化。深入推行"科技特派员"制度，支持科技特派员开展创业式扶贫服务。强化贫困地区基层农技推广体系建设，加强新型职业农民培训。加大政策激励力度，鼓励各类人才扎根贫困地区基层建功立业，对表现优秀的人员在职称评聘等方面给予倾斜。大力实施边远贫困地区、边疆民族地区和革命老区人才支持计划，贫困地区本土人才培养计划。积极推进贫困村创业致富带头人培训工程。

六、广泛动员全社会力量，合力推进脱贫攻坚

（一）健全东西部扶贫协作机制

加大东西部扶贫协作力度，建立精准对接机制，使帮扶资金主要用于贫困村、贫困户。东部地区要根据财力增长情况，逐步增加对口帮扶财政投入，并列入年度预算。强化以企业合作为载体的扶贫协作，鼓励东西部按照当地主体功能定位共建产业园区，推动东部人才、资金、技术向贫困地区流动。启动实施经济强县（市）与国家扶贫开发工作重点县"携手奔小康"行动，东部各省（直辖市）在努力做好本区域内扶贫开发工作的同时，更多发挥县（市）作用，与扶贫协作省份的国家扶贫开发工作重点县开展结对帮扶。建立东西部扶贫协作考核评价机制。

（二）健全定点扶贫机制

进一步加强和改进定点扶贫工作，建立考核评价机制，确保各单位落实扶贫责任。深入推进中央企业定点帮扶贫困革命老区县"百县万村"活动。完善定点扶贫牵头联系机制，各牵头部门要按照分工督促指导各单位做好定点扶贫工作。

（三）健全社会力量参与机制

鼓励支持民营企业、社会组织、个人参与扶贫开发，实现社会帮扶资源和精准扶贫有效对接。引导社会扶贫重心下移，

自愿包村包户，做到贫困户都有党员干部或爱心人士结对帮扶。吸纳农村贫困人口就业的企业，按规定享受税收优惠、职业培训补贴等就业支持政策。落实企业和个人公益扶贫捐赠所得税税前扣除政策。充分发挥各民主党派、无党派人士在人才和智力扶贫上的优势和作用。工商联系统组织民营企业开展"万企帮万村"精准扶贫行动。通过政府购买服务等方式，鼓励各类社会组织开展到村到户精准扶贫。完善扶贫龙头企业认定制度，增强企业辐射带动贫困户增收的能力。鼓励有条件的企业设立扶贫公益基金和开展扶贫公益信托。发挥好"10·17"全国扶贫日社会动员作用。实施扶贫志愿者行动计划和社会工作专业人才服务贫困地区计划。着力打造扶贫公益品牌，全面及时公开扶贫捐赠信息，提高社会扶贫公信力和美誉度。构建社会扶贫信息服务网络，探索发展公益众筹扶贫。

七、大力营造良好氛围，为脱贫攻坚提供强大精神动力

（一）创新中国特色扶贫开发理论

深刻领会习近平总书记关于新时期扶贫开发的重要战略思想，系统总结我们党和政府领导亿万人民摆脱贫困的历史经验，提炼升华精准扶贫的实践成果，不断丰富完善中国特色扶贫开发理论，为脱贫攻坚注入强大思想动力。

（二）加强贫困地区乡风文明建设

培育和践行社会主义核心价值观，大力弘扬中华民族自强不息、扶贫济困传统美德，振奋贫困地区广大干部群众精神，坚定改变贫困落后面貌的信心和决心，凝聚全党全社会扶贫开发强大合力。倡导现代文明理念和生活方式，改变落后风俗习惯，善于发挥乡规民约在扶贫济困中的积极作用，激发贫困群众奋发脱贫的热情。推动文化投入向贫困地区倾斜，集中实施

一批文化惠民扶贫项目，普遍建立村级文化中心。深化贫困地区文明村镇和文明家庭创建。推动贫困地区县级公共文化体育设施达到国家标准。支持贫困地区挖掘保护和开发利用红色、民族、民间文化资源。鼓励文化单位、文艺工作者和其他社会力量为贫困地区提供文化产品和服务。

（三）扎实做好脱贫攻坚宣传工作

坚持正确舆论导向，全面宣传我国扶贫事业取得的重大成就，准确解读党和政府扶贫开发的决策部署、政策举措，生动报道各地区各部门精准扶贫、精准脱贫丰富实践和先进典型。建立国家扶贫荣誉制度，表彰对扶贫开发作出杰出贡献的组织和个人。加强对外宣传，讲好减贫的中国故事，传播好减贫的中国声音，阐述好减贫的中国理念。

（四）加强国际减贫领域交流合作

通过对外援助、项目合作、技术扩散、智库交流等多种形式，加强与发展中国家和国际机构在减贫领域的交流合作。积极借鉴国际先进减贫理念与经验。履行减贫国际责任，积极落实联合国2030年可持续发展议程，对全球减贫事业作出更大贡献。

八、切实加强党的领导，为脱贫攻坚提供坚强政治保障

（一）强化脱贫攻坚领导责任制

实行中央统筹、省（自治区、直辖市）负总责、市（地）县抓落实的工作机制，坚持片区为重点、精准到村到户。党中央、国务院主要负责统筹制定扶贫开发大政方针，出台重大政策举措，规划重大工程项目。省（自治区、直辖市）党委和政府对扶贫开发工作负总责，抓好目标确定、项目下达、资金投放、组织动员、监督考核等工作。市（地）党委和政府要做好

上下衔接、域内协调、督促检查工作，把精力集中在贫困县如期摘帽上。县级党委和政府承担主体责任，书记和县长是第一责任人，做好进度安排、项目落地、资金使用、人力调配、推进实施等工作。要层层签订脱贫攻坚责任书，扶贫开发任务重的省（自治区、直辖市）党政主要领导要向中央签署脱贫责任书，每年要向中央作扶贫脱贫进展情况的报告。省（自治区、直辖市）党委和政府要向市（地）、县（市）、乡镇提出要求，层层落实责任制。中央和国家机关各部门要按照部门职责落实扶贫开发责任，实现部门专项规划与脱贫攻坚规划有效衔接，充分运用行业资源做好扶贫开发工作。军队和武警部队要发挥优势，积极参与地方扶贫开发。改进县级干部选拔任用机制，统筹省（自治区、直辖市）内优秀干部，选好配强扶贫任务重的县党政主要领导，把扶贫开发工作实绩作为选拔使用干部的重要依据。脱贫攻坚期内贫困县县级领导班子要保持稳定，对表现优秀、符合条件的可以就地提级。加大选派优秀年轻干部特别是后备干部到贫困地区工作的力度，有计划地安排省部级后备干部到贫困县挂职任职，各省（自治区、直辖市）党委和政府也要选派厅局级后备干部到贫困县挂职任职。各级领导干部要自觉践行党的群众路线，切实转变作风，把严的要求、实的作风贯穿于脱贫攻坚始终。

（二）发挥基层党组织战斗堡垒作用

加强贫困乡镇领导班子建设，有针对性地选配政治素质高、工作能力强、熟悉"三农"工作的干部担任贫困乡镇党政主要领导。抓好以村党组织为领导核心的村级组织配套建设，集中整顿软弱涣散村党组织，提高贫困村党组织的创造力、凝聚力、战斗力，发挥好工会、共青团、妇联等群团组织的作用。选好配强村级领导班子，突出抓好村党组织带头人队伍建设，充分发挥党员先锋模范作用。完善村级组织运转经费保障机制，将村干部报酬、村办公经费和其他必要支出作为保障重点。注重选派思想好、作风正、能力强的优秀年轻干部到贫困地区驻村，选聘高校毕业生到贫困村工作。根据贫困村的实际需求，精准选配第一书记，精准选派驻村工作队，提高县以上机关派出干部比例。加大驻村干部考核力度，不稳定脱贫不撤队伍。对在基层一线干出成绩、群众欢迎的驻村干部，要重点培养使用。加快推进贫困村村务监督委员会建设，继续落实好"四议两公开"、村务联席会等制度，健全党组织领导的村民自治机制。在有实际需要的地区，探索在村民小组或自然村开展村民自治，通过议事协商，组织群众自觉广泛参与扶贫开发。

（三）严格扶贫考核督查问责

抓紧出台中央对省（自治区、直辖市）党委和政府扶贫开发工作成效考核办法。建立年度扶贫开发工作逐级督查制度，选择重点部门、重点地区进行联合督查，对落实不力的部门和地区，国务院扶贫开发领导小组要向党中央、国务院报告并提出责任追究建议，对未完成年度减贫任务的省份要对党政主要领导进行约谈。各省（自治区、直辖市）党委和政府要加快出台对贫困县扶贫绩效考核办法，大幅度提高减贫指标在贫困县经济社会发展实绩考核指标中的权重，建立扶贫工作责任清单。加快落实对限制开发区域和生态脆弱的贫困县取消地区生产总值考核的要求。落实贫困县约束机制，严禁铺张浪费，厉行勤俭节约，严格控制"三公"经费，坚决刹住穷县"富衔""戴帽"炫富之风，杜绝不切实际的形象工程。建立重大涉贫事件的处置、反馈机制，在处置典型事件中发现问题，不断提高扶贫工作水平。加强农村贫困统计监测体系建设，提高监测能力和数据质量，实现数据共享。

（四）加强扶贫开发队伍建设

稳定和强化各级扶贫开发领导小组和工作机构。扶贫开发任务重的省（自治区、直辖市）、市（地）、县（市）扶贫开发领导小组组长由党政主要负责同志担任，强化各级扶贫开发领导小组决策部署、统筹协调、督促落实、检查考核的职能。加强与精准扶贫工作要求相适应的扶贫开发队伍和机构建设，完善各级扶贫开发机构的设置和职能，充实配强各级扶贫开发工作力度。扶贫任务重的乡镇要有专门干部负责扶贫开发工作。加强贫困地区县级领导干部和扶贫干部思想作风建设，加大培训力度，全面提升扶贫干部队伍能力水平。

（五）推进扶贫开发法治建设

各级党委和政府要切实履行责任，善于运用法治思维和法治方式推进扶贫开发工作，在规划编制、项目安排、资金使用、监督管理等方面，提高规范化、制度化、法治化水平。强化贫困地区社会治安防控体系建设和基层执法队伍建设。健全贫困地区公共法律服务制度，切实保障贫困人口合法权益。完善扶贫开发法律法规，抓紧制定扶贫开发条例。

让我们更加紧密地团结在以习近平同志为总书记的党中央周围，凝心聚力，精准发力，苦干实干，坚决打赢脱贫攻坚战，为全面建成小康社会、实现中华民族伟大复兴的中国梦而努力奋斗。

（据新华社北京 2015 年 12 月 7 日电）

关于加大脱贫攻坚力度支持革命老区开发建设的指导意见

中共中央办公厅、国务院办公厅

革命老区（以下简称老区）是党和人民军队的根，老区和老区人民为中国革命胜利和社会主义建设作出了重大牺牲和重要贡献。新中国成立60多年特别是改革开放30多年来，在党中央、国务院关心支持下，老区面貌发生深刻变化，老区人民生活水平显著改善，但由于自然、历史等多重因素影响，一些老区发展相对滞后、基础设施薄弱、人民生活水平不高的矛盾仍然比较突出，脱贫攻坚任务相当艰巨。为进一步加大扶持力度，加快老区开发建设步伐，让老区人民过上更加幸福美好的生活，现提出如下意见。

一、总体要求

全面贯彻落实党的十八大和十八届三中、四中、五中全会精神，以邓小平理论、"三个代表"重要思想、科学发展观为指导，深入贯彻习近平总书记系列重要讲话精神，坚持"四个全面"战略布局，按照党中央、国务院决策部署，以改变老区发展面貌为目标，以贫困老区为重点，更加注重改革创新、更加注重统筹协调、更加注重生态文明建设、更加注重开发开放、更加注重共建共享发展，进一步加大扶持力度，实施精准扶贫、精准脱贫，着力破解区域发展瓶颈制约，着力解决民生领域突出困难和问题，着力增强自我发展能力，着力提升对内对外开放水平，推动老区全面建成小康社会，让老区人民共享改革发展成果。

到 2020 年，老区基础设施建设取得积极进展，特色优势产业发展壮大，生态环境质量明显改善，城乡居民人均可支配收入增长幅度高于全国平均水平，基本公共服务主要领域指标接近全国平均水平，确保我国现行标准下农村贫困人口实现脱贫，贫困县全部摘帽，解决区域性整体贫困。

二、工作重点

按照区别对待、精准施策的原则，以重点区域、重点人群、重点领域为突破口，加大脱贫攻坚力度，带动老区全面振兴发展。

（一）以支持贫困老区为重点，全面加快老区小康建设进程

贫困地区是全国全面建成小康社会的短板，贫困老区更是短板中的短板。要把贫困老区作为老区开发建设的重中之重，充分发挥政治优势和制度优势，主动适应经济发展新常态，着力改善发展环境与条件，激发市场主体创新活力，推动相关资源要素向贫困老区优先集聚，民生政策向贫困老区优先覆盖，重大项目向贫困老区优先布局，尽快增强贫困老区发展内生动力。

（二）以扶持困难群体为重点，全面增进老区人民福祉

切实解决好老区贫困人口脱贫问题，全面保障和改善民生，是加快老区开发建设的出发点和落脚点。要打破惯性思维，采取超常规举措，加快科学扶贫和精准扶贫，加大帮扶力度，提高优抚对象待遇水平，办好老区民生实事，使老区人民与全国人民一道共享全面建成小康社会成果。

（三）以集中解决突出问题为重点，全面推动老区开发开放

加快老区开发建设步伐，基础设施是首要条件，资源开发和产业发展是关键环节，改革开放是根本动力，生态环境是发展底线，老区精神是活力源泉。要围绕重点领域和薄弱环节，

明确工作思路，选准主攻方向，发扬"钉钉子"精神，使老区面貌明显改善，人民生活水平显著提升。

三、主要任务

（一）加快重大基础设施建设，尽快破解发展瓶颈制约

大力推进老区高等级公路建设，优先布局一批铁路项目并设立站点，积极布局一批支线和通用机场，支持有条件的老区加快港口、码头、航道等水运基础设施建设，力争实现老区所在地级市高速公路通达、加速铁路基本覆盖。加快推动老区电网建设，支持大用户直供电和工业企业按照国家有关规定建设自备电厂，保障发展用能需求。增加位于贫困老区的发电企业年度电量计划，提高水电工程留存电量比例。加大老区地质灾害防治、矿山环境治理和地质灾害搬迁避让工程实施力度。完善电信普遍服务补偿机制，支持老区加快实施"宽带中国"战略、"宽带乡村"工程，加大网络通信基础设施建设力度。优先支持老区重大水利工程、中型水库、病险水库水闸除险加固、灌区续建配套与节水改造等项目建设，加大贫困老区抗旱水源建设、中小河流治理和山洪灾害防治力度。支持老区推进土地整治和高标准农田建设，在安排建设任务和补助资金时予以倾斜。

（二）积极有序开发优势资源，切实发挥辐射带动效应

鼓励中央企业和地方国有企业、民营资本组建混合所有制企业，因地制宜勘探开发老区煤炭、石油、天然气、页岩气、煤层气、页岩油等资源。在具备资源禀赋的老区积极有序开发建设大型水电、风电、太阳能基地，着力解决电力消纳问题。支持老区发展生物质能、天然气、农村小水电等清洁能源，加快规划建设一批抽水蓄能电站。积极支持符合条件的老区建设能源化工基地，加快推进技术创新，实现资源就地加工转化利用。增加地质矿产调查评价专项对贫困老区基础性、公益性项

目的投入，引导社会资本积极参与老区矿产资源勘查开发，支持开展矿产资源综合利用示范基地和绿色矿山建设。

（三）着力培育壮大特色产业，不断增强"造血"功能

推进老区一、二、三产业融合发展，延长农业产业链，让农户更多分享农业全产业链和价值链增值收益。做大做强农民合作社和龙头企业，支持老区特色农产品品种保护、选育和生产示范基地建设，积极推广适用新品种、新技术，打造一批特色农产品加工示范园区，扶持、鼓励开展无公害农产品、绿色食品、有机农产品及地理标志农产品认证。积极发展特色农产品交易市场，鼓励大型零售超市与贫困老区合作社开展农超对接。加强老区农村物流服务体系建设，鼓励邮政快递服务向农村延伸。大力发展电子商务，加强农村电商人才培训，鼓励引导电商企业开辟老区特色农产品网上销售平台，加大对农产品品牌推介营销的支持力度。依托老区良好的自然环境，积极发展休闲农业、生态农业，打造一批具有较大影响力的养生养老基地和休闲度假目的地。充分挖掘老区山林资源，积极发展木本油料、特色经济林产业和林下经济。利用老区丰富的文化资源，振兴传统工艺，发展特色文化产业。支持老区建设红色旅游经典景区，优先支持老区创建国家级旅游景区，旅游基础设施建设中央补助资金进一步向老区倾斜。加大跨区域旅游合作力度，重点打造国家级红色旅游经典景区和精品线路，加强旅游品牌推介，着力开发红色旅游产品，培育一批具有较高知名度的旅游节庆活动。加强老区革命历史纪念场所建设维护，有计划抢救影响力大、损毁严重的重要革命遗址。支持老区因地制宜开展"互联网＋"试点。积极发展适合老区的信息消费新产品、新业态、新模式。

（四）切实保护生态环境，着力打造永续发展的美丽老区

继续实施天然林保护、防护林建设、石漠化治理、防沙治

沙、湿地保护与恢复、退牧还草、水土流失综合治理、坡耕地综合整治等重点生态工程，优先安排贫困老区新一轮退耕还林还草任务，支持老区开展各类生态文明试点示范。加强自然保护区建设与管理，支持在符合条件的老区开展国家公园设立试点。大力发展绿色建筑和低碳、便捷的交通体系，加快推动生产生活方式绿色化。深入实施大气、水、土壤污染防治行动计划，全面推进涵养区、源头区等水源地环境整治。加强农村面源污染治理，对秸秆、地膜、畜禽粪污收集利用加大扶持和奖励力度，研究将贫困老区列入下一轮农村环境综合整治重点区域。加快推进老区工业污染场地和矿区环境治理，支持老区工业企业实施清洁生产技术改造工程。

（五）全力推进民生改善，大幅提升基本公共服务水平

加快解决老区群众饮水安全问题，加大农村电网改造升级力度，进一步提高农村饮水、电力保障水平。加快贫困老区农村公路建设，重点推进剩余乡镇和建制村通硬化路建设，推动一定人口规模的自然村通公路。加大农村危房改造力度，统筹开展农房抗震改造，对贫困老区予以倾斜支持。加快老区农村集贸市场建设。尽快补齐老区教育短板，增加公共教育资源配置，消除大班额现象，优化农村中小学校设点布局，改善基本办学条件，强化师资力量配备，确保适龄儿童和少年都能接受良好的义务教育。支持贫困老区加快普及高中阶段教育，办好一批中等、高等职业学校，逐步推进中等职业教育免除学杂费，推动职业学校与企业共建实验实训平台，培养更多适应老区发展需要的技术技能人才。继续实施农村贫困地区定向招生专项计划，畅通贫困老区学生就读重点高校渠道。加强老区县乡村三级医疗卫生服务网络标准化建设，支持贫困老区实施全科医生和专科医生特设岗位计划，逐步提高新型农村合作医疗保障能力和大病救助水平。加大社会救助力度，逐步提高老区最低生活保障水平，加快完善老区城乡居民基本养老保险制度，落实国家基础养老金标准相关政策。以广播电视服务网络、数字文化服务、乡土人才培养、流动文化服务以及公共图书馆、文化馆（站）、基层综合性文化服务中心、基层新华书店等为重点，推动老区基本公共文化服务能力与水平明显提高。

（六）大力促进转移就业，全面增强群众增收致富能力

结合实施国家新型城镇化规划，发挥老区中心城市和小城镇集聚功能，积极发展劳动密集型产业和家政服务、物流配送、养老服务等产业，拓展劳动力就地就近就业空间。加强基层人力资源和社会保障公共服务平台建设，推动贫困老区劳动力向经济发达地区转移，建立和完善劳动力输出与输入地劳务对接机制，提高转移输出组织化程度。支持老区所在市县积极整合各类培训资源，开展有针对性的职业技能培训。加大贫困老区劳动力技能培训力度，鼓励外出务工人员参加中长期实用技能培训。引导和支持用人企业在老区开展订单定向培训。支持符合条件的老区建设创业园区或创业孵化基地等，鼓励外出务工人员回乡创业。

（七）深入实施精准扶贫，加快推进贫困人口脱贫

继续实施以工代赈、整村推进、产业扶贫等专项扶贫工程，加大对建档立卡贫困村、贫困户的扶持力度。统筹使用涉农资金，开展扶贫小额信贷，支持贫困户发展特色产业，促进有劳动能力的贫困户增收致富。积极实施光伏扶贫工程，支持老区探索资产收益扶贫。加快实施乡村旅游富民工程，积极推进老区贫困村旅游扶贫试点。深入推行科技特派员制度，支持老区科技特派员与贫困户结成利益共同体，探索创业扶贫新模式。在贫困老区优先实施易地扶贫搬迁工程，在安排年度任务时予以倾斜，完善后续生产发展和就业扶持政策。加快实施教育扶

贫工程，在老区加快落实建档立卡的家庭经济困难学生实施普通高中免除学杂费政策，实现家庭经济困难学生资助全覆盖。实施健康扶贫工程，落实贫困人口参加新型农村合作医疗个人缴费部分由财政给予补贴的政策，将贫困人口全部纳入重特大疾病救助范围。对无法依靠产业扶持和就业帮助脱贫的家庭实行政策性保障兜底。

（八）积极创新体制机制，加快构建开放型经济新格局

支持老区开展农村集体产权制度改革，稳妥有序实施农村承包土地经营权、农民住房财产权等抵押贷款以及大宗特色农产品保险试点。支持老区开展水权交易试点，探索建立市场化补偿方式。推动相关老区深度融入"一带一路"建设、京津冀协同发展、长江经济带建设三大国家战略，与有关国家级新区、自主创新示范区、自由贸易试验区、综合配套改革试验区、承接产业转移示范区建立紧密合作关系，打造区域合作和产业承接发展平台，探索发展"飞地经济"，引导发达地区劳动密集型等产业优先向老区转移。支持老区科技创新能力建设，加快推动老区创新驱动发展。支持具备条件的老区申请设立海关特殊监管区域，鼓励老区所在市县积极承接加工贸易梯度转移。对老区企业到境外开展各类管理体系认证、产品认证和商标注册等给予资助。拓展老区招商引资渠道，利用外经贸发展专项资金促进贫困老区发展，优先支持老区项目申报借用国外优惠贷款。鼓励老区培育和发展会展平台，提高知名度和影响力。加快边境老区开发开放，提高边境经济合作区、跨境经济合作区发展水平，提升边民互市贸易便利化水平。

四、支持政策

（一）加强规划引导和重大项目建设

编制实施国民经济和社会发展"十三五"规划等中长期规

划时，对老区予以重点支持，积极谋划一批交通、水利、能源等重大工程项目，优先纳入相关专项规划。全面实施赣闽粤原中央苏区、陕甘宁、左右江、大别山、川陕等老区振兴发展规划和集中连片特困地区区域发展与脱贫攻坚规划，加快落实规划项目和政策。推动大型项目、重点工程、新兴产业在符合条件的前提下优先向老区安排。探索建立老区重大项目审批核准绿色通道，加快核准审批进程，对重大项目环评工作提前介入指导。

（二）持续加大资金投入

中央财政一般性转移支付资金、各类涉及民生的专项转移支付资金进一步向贫困老区倾斜。增加老区转移支付资金规模，扩大支持范围。中央财政专项扶贫资金分配向贫困老区倾斜。加大中央集中彩票公益金支持老区扶贫开发力度，力争实现对贫困老区全覆盖。加大中央预算内投资和专项建设基金对老区的投入力度。严格落实国家在贫困地区安排的公益性建设项目取消县级和西部集中连片特困地区地市级配套资金的政策，并加大中央和省级财政投资补助比重。在公共服务等领域积极推广政府与社会资本合作、政府购买服务等模式。鼓励和引导各类金融机构加大对老区开发建设的金融支持。鼓励各银行业金融机构总行合理扩大贫困老区分支机构授信审批权限，加大支农再贷款、扶贫再贷款对贫困老区的支持力度，建立健全信贷资金投向老区的激励机制。支持具备条件的民间资本在老区依法发起设立村镇银行、民营银行等金融机构，推动有关金融机构延伸服务网络、创新金融产品。鼓励保险机构开发老区特色优势农作物保险产品，支持贫困老区开展特色农产品价格保险。

（三）强化土地政策保障

在分解下达新增建设用地指标和城乡建设用地增减挂钩指标时，重点向老区内国家扶贫开发工作重点县倾斜。鼓励通过城乡建设用地增减挂钩优先解决老区易地扶贫搬迁安置所需建设用地，对不具备开展增减挂钩条件的，优先安排搬迁安置所需新增建设用地计划指标。在贫困老区开展易地扶贫搬迁，允许将城乡建设用地增减挂钩指标在省域范围内使用。支持有条件的老区开展历史遗留工矿废弃地复垦利用、城镇低效用地再开发和低丘缓坡荒滩等未利用地开发利用试点。落实和完善农产品批发市场、农贸市场城镇土地使用税和房产税政策。

（四）完善资源开发与生态补偿政策

适当增加贫困老区光伏、风电等优势能源资源开发规模。合理调整资源开发收益分配政策，研究提高老区矿产、油气资源开发收益地方留成比例，强化资源开发对老区发展的拉动效应。支持将符合条件的贫困老区纳入重点生态功能区补偿范围。逐步建立地区间横向生态保护补偿机制，引导提供生态产品的老区与受益地区之间，通过资金补助、产业转移、人才培训、共建园区等方式实施补偿。支持符合条件的老区启动实施湿地生态效益补偿和生态还湿。

（五）提高优抚对象优待抚恤标准

继续提高"三红"人员（在乡退伍红军老战士、在乡西路军红军老战士、红军失散人员）在乡老复员军人等优抚对象抚恤和定期生活补助标准，研究其遗孀定期生活补助政策，保障好老无所养和伤病残优抚对象的基本生活。研究逐步提高新中国成立前入党的农村老党员和未享受离退休待遇的城镇老党员生活补助标准。严格落实优抚对象医疗保障政策，逐步提高医疗保障水平。鼓励有条件的地方实行优抚对象基本殡葬服务费用减免政策。优抚对象申请经济适用住房、公租房或农村危房改造的，同等条件下予以优先安排。加大优抚对象家庭成员就业政策落实力度，符合就业困难人员条件的优先安排公益性岗位，组织机关、企事业单位面向老区定向招聘辅助人员。

（六）促进干部人才交流和对口帮扶

推进贫困老区与发达地区干部交流，加大中央和国家机关、中央企业与贫困老区干部双向挂职锻炼工作力度，大力实施边远贫困地区、边疆民族地区和革命老区人才支持计划。研究实施直接面向老区的人才支持项目，支持老区相关单位申报设立院士工作站和博士后科研工作站。深入推进中央企业定点帮扶贫困革命老区县"百县万村"活动，进一步挖掘中央和省级定点扶贫单位帮扶资源，逐步实现定点扶贫工作对贫困老区全覆盖。制定优惠政策，鼓励老区优秀青年入伍，引导优秀退役军人留在老区工作。加快建立省级政府机关、企事业单位或省内发达县市对口帮扶本省贫困老区的工作机制。

五、组织领导

（一）高度重视老区开发建设工作

各级党委和政府要进一步增强责任感、紧迫感、使命感，把加快老区开发建设作为"一把手工程"，把扶持老区人民脱贫致富作为义不容辞的责任。坚持中央统筹、省（自治区、直辖市）负总责、市（地）县抓落实的工作机制，推动建立党委领导、政府负责、部门协同、社会参与的工作格局，积极整合各级财力和各类资源，推动老区加快发展。发挥军队和武警部队的优势和积极作用，影响和带动社会力量支持老区开发建设。加大对老区脱贫攻坚工作的考核力度，实行年度报告和通报制度。按照国家有关规定表彰为老区发展建设作出突出贡献的先进典型，对推进工作不力的要强化责任追究。加强对各级老区建设促进会的指导，给予必要的支持。

（二）不断加强老区基层领导班子和党组织建设

各级党委和政府要选派一批思想政治硬、业务能力强、综合素质高的干部充实老区党政领导班子，优先选派省部级、厅局级后备干部担任老区市、县党政主要领导，推动老区党政领导班子年轻化、知识化、专业化。对长期在老区工作的干部要在提拔任用、家属随迁、子女入学等方面予以倾斜。加强老区基层党组织建设，选优配强党组织带头人，完善村级组织运转经费保障机制，强化服务群众、村干部报酬待遇、村级组织活动场所等基础保障。做好老区村级党组织第一书记选派工作，充分发挥基层党组织团结带领老区群众脱贫致富的战斗堡垒作用。根据老区贫困村实际需求，精准选派驻村工作队，提高县以上机关派出干部比例。

（三）广泛动员社会各方面力量参与老区开发建设

鼓励各类企业通过资源开发、产业培育、市场开拓、村企共建等形式到贫困老区投资兴业、培训技能、吸纳就业、捐资助资，引导一批大型企业在贫困老区包县包村扶贫，鼓励社会团体、基金会、民办非企业单位等各类组织积极支持老区开发建设。对于各类企业和社会组织到贫困老区投资兴业、带动贫困群众就业增收的，严格落实税收、土地、金融等相关支持政策。开展多种类型的公益活动，引导广大社会成员和港澳同胞、台湾同胞、华侨及海外人士，通过爱心捐赠、志愿服务、结对帮扶等多种形式参与老区扶贫开发。

（四）大力弘扬老区精神

各级党委和政府要把弘扬老区精神作为党建工作的重要内容，将老区精神融入培育和践行社会主义核心价值观系列活动，利用建党日、建军节、国庆节等重要时间节点，持续不断推动老区精神进学校、进机关、进企业、进社区，在全社会营造传承老区精神高尚、支持服务老区光荣的浓厚氛围。积极支持老区精神挖掘整理工作，结合红色旅游组织开展形式多样的主题活动，培育壮大老区文艺团体和文化出版单位，扶持创作一批反映老区优良传统、展现老区精神风貌的优秀文艺作品和文化产品。加强老区新闻媒体建设，提升老区精神传播能力。老区广大干部群众要继续发扬自力更生、艰苦奋斗的优良传统，不等不靠，齐心协力，争当老区精神的传承者和践行者，加快老区开发建设步伐，不断开创老区振兴发展的新局面。

（五）全面落实各项任务举措

各级党委和政府要认真抓好意见的贯彻落实，明确工作任务和责任分工，加大政策项目实施力度，确保年年有总结部署、有督促检查。中央和国家机关有关部门要按照职责分工，抓紧制定实施方案，细化实化具体政策措施，全面落实意见提出的各项任务。国家发展改革委要负责牵头协调解决工作中遇到的困难和问题，会同民政部、国务院扶贫办等部门和单位加强对意见执行情况的跟踪检查，重大问题及时向党中央、国务院报告。充分发挥各级老区建设促进会的监测评估作用，适时组织第三方机构对本意见实施情况进行评估。

（据新华社北京 2016 年 2 月 1 日电）

关于进一步加强东西部扶贫协作工作的指导意见

中共中央办公厅、国务院办公厅

东西部扶贫协作和对口支援，是推动区域协调发展、协同发展、共同发展的大战略，是加强区域合作、优化产业布局、拓展对内对外开放新空间的大布局，是打赢脱贫攻坚战、实现先富帮后富、最终实现共同富裕目标的大举措。为全面贯彻落实《中共中央、国务院关于打赢脱贫攻坚战的决定》和中央扶贫开发工作会议、东西部扶贫协作座谈会精神，做好东西部扶贫协作和对口支援工作，现提出如下意见。

一、总体要求

（一）指导思想

全面贯彻党的十八大和十八届三中、四中、五中、六中全会精神，以习近平总书记扶贫开发重要战略思想为指导，牢固树立新发展理念，坚持精准扶贫、精准脱贫基本方略，进一步强化责任落实、优化结对关系、深化结对帮扶、聚焦脱贫攻坚，提高东西部扶贫协作和对口支援工作水平，推动西部贫困地区与全国一道迈入全面小康社会。

（二）主要目标

经过帮扶双方不懈努力，推进东西部扶贫协作和对口支援工作机制不断健全，合作领域不断拓展，综合效益得到充分发挥，确保西部地区现行国家扶贫标准下的农村贫困人口到2020年实现脱贫，贫困县全部摘帽，解决区域性整体贫困。

（三）基本原则

——坚持党的领导，社会广泛参与。帮扶双方党委和政府要加强对东西部扶贫协作和对口支援工作的领导，将工作纳入重要议事日程，科学编制帮扶规划并认真部署实施，建立完善机制，广泛动员党政机关、企事业单位和社会力量参与，形成帮扶合力。

——**坚持精准聚焦，提高帮扶实效**。东西部扶贫协作和对口支援要聚焦脱贫攻坚，按照精准扶贫、精准脱贫要求，把被帮扶地区建档立卡贫困人口稳定脱贫作为工作重点，帮扶资金和项目瞄准贫困村、贫困户，真正帮到点上、扶到根上。

——**坚持优势互补，鼓励改革创新**。立足帮扶双方实际情况，因地制宜、因人施策开展扶贫协作和对口支援，实现帮扶双方优势互补、长期合作、聚焦扶贫、实现共赢，努力探索先富帮后富、逐步实现共同富裕的新途径新方式。

——**坚持群众主体，激发内生动力**。充分调动贫困地区干部群众积极性创造性，不断激发脱贫致富的内生动力，帮助和带动贫困人口苦干实干，实现光荣脱贫、勤劳致富。

二、结对关系

（一）调整东西部扶贫协作结对关系

对原有结对关系进行适当调整，在完善省际结对关系的同时，实现对民族自治州和西部贫困程度深的市州全覆盖，落实北京市、天津市与河北省扶贫协作任务。调整后的东西部扶贫协作结对关系为：北京市帮扶内蒙古自治区、河北省张家口市和保定市；天津市帮扶甘肃省、河北省承德市；辽宁省大连市帮扶贵州省六盘水市；上海市帮扶云南省、贵州省遵义市；江苏省帮扶陕西省、青海省西宁市和海东市，苏州市帮扶贵州省铜仁市；浙江省帮扶四川省，杭州市帮扶湖北省恩施土家族苗族自治州、贵州省黔东南苗族侗族自治州，宁波市帮扶吉林省延边朝鲜族自治州、贵州省黔西南布依族苗族自治州；福建省帮扶宁夏回族自治区，福州市帮扶甘肃省定西市，厦门市帮扶甘肃省临夏回族自治州；山东省帮扶重庆市，济南市帮扶湖南省湘西土家族苗族自治州，青岛市帮扶贵州省安顺市、甘肃省陇南市；广东省帮扶广西壮族自治区、四川省甘孜藏族自治州，广州市帮扶贵州省黔南布依族苗族自治州和毕节市，佛山市帮扶四川省凉山彝族自治州，中山市和东莞市帮扶云南省昭通市，珠海市帮扶云南省怒江傈僳族自治州。

各省（自治区、直辖市）要根据实际情况，在本行政区域内组织开展结对帮扶工作。

（二）开展携手奔小康行动

东部省份组织本行政区域内经济较发达县（市、区）与扶贫协作省份和市州扶贫任务重、脱贫难度大的贫困县开展携手奔小康行动。探索在乡镇之间、行政村之间结对帮扶。

（三）深化对口支援

对口支援西藏、新疆和四川省藏区工作在现有机制下继续坚持向基层倾斜、向民生倾斜、向农牧民倾斜，更加聚焦精准扶贫、精准脱贫，瞄准建档立卡贫困人口精准发力，提高对口支援实效。北京市、天津市与河北省扶贫协作工作，要与京津冀协同发展中京津两市对口帮扶张承环京津相关地区做好衔接。

三、主要任务

（一）开展产业合作

帮扶双方要把东西部产业合作、优势互补作为深化供给侧结构性改革的新课题，研究出台相关政策，大力推动落实。要立足资源禀赋和产业基础，激发企业到贫困地区投资的积极性，支持建设一批贫困人口参与度高的特色产业基地，培育一批带动贫困户发展产业的合作组织和龙头企业，引进一批能够提供更多就业岗位的劳动密集型企业、文化旅游企业等，促进产业发展带动脱贫。加大产业合作科技支持，充分发挥科技创新在增强西部地区自我发展能力中的重要作用。

（二）组织劳务协作

帮扶双方要建立和完善劳务输出精准对接机制，提高劳务输出脱贫的组织化程度。西部地区要摸清底数，准确掌握建档立卡贫困人口中有就业意愿和能力的未就业人口信息，以及已在外地就业人员的基本情况，因人因需提供就业服务，与东部地区开展有组织的劳务对接。西部地区要做好本行政区域内劳务对接工作，依托当地产业发展，多渠道开发就业岗位，支持贫困人口在家乡就地就近就业。开展职业教育东西协作行动计划和技能脱贫"千校行动"，积极组织引导贫困家庭子女到东部省份的职业院校、技工学校接受职业教育和职业培训。东部省份要把解决西部贫困人口稳定就业作为帮扶重要内容，创造就业机会，提供用工信息，动员企业参与，实现人岗对接，保障稳定就业。对在东部地区工作生活的建档立卡贫困人口，符合条件的优先落实落户政策，有序实现市民化。

（三）加强人才支援

帮扶双方要选派优秀干部挂职，广泛开展人才交流，促进观念互通、思路互动、技术互学、作风互鉴。采取双向挂职、两地培训、委托培养和组团式支教、支医、支农等方式，加大教育、卫生、科技、文化、社会工作等领域的人才支持，把东部地区的先进理念、人才、技术、信息、经验等要素传播到西部地区。加大政策激励力度，鼓励各类人才扎根西部贫困地区建功立业。帮扶省市选派到被帮扶地区的挂职干部要把主要精力放到脱贫攻坚上，挂职期限原则上两到三年。加大对西部地区干部特别是基层干部、贫困村创业致富带头人培训力度。

（四）加大资金支持

东部省份要根据财力增长情况，逐步增加扶贫协作和对口支援财政投入，并列入年度预算。西部地区要以扶贫规划为引领，整合扶贫协作和对口支援资金，聚焦脱贫攻坚，形成脱贫合力。要切实加强资金监管，提高使用效益。

（五）动员社会参与

帮扶省市要鼓励支持本行政区域内民营企业、社会组织、公民个人积极参与东西部扶贫协作和对口支援。充分利用全国扶贫日和中国社会扶贫网等平台，组织社会各界到西部地区开展捐资助学、慈善公益医疗救助、支医支教、社会工作和志愿服务等扶贫活动。实施社会工作专业人才服务贫困地区计划和扶贫志愿者行动计划，支持东部地区社会工作机构、志愿服务组织、社会工作者和志愿者结对帮扶西部贫困地区，为西部地区提供专业人才和服务保障。注重发挥军队和武警部队在西部贫困地区脱贫攻坚中的优势和积极作用，因地制宜做好帮扶工作。积极组织民营企业参与"万企帮万村"精准扶贫行动，与被帮扶地区贫困村开展结对帮扶。

四、保障措施

（一）加强组织领导

国务院扶贫开发领导小组要加强东西部扶贫协作的组织协调、工作指导和考核督查。东西部扶贫协作双方要建立高层联席会议制度，党委或政府主要负责同志每年开展定期互访，确定协作重点，研究部署和协调推进扶贫协作工作。

（二）完善政策支持

中央和国家机关各部门要加大政策支持力度。国务院扶贫办、国家发展改革委、教育部、民政部、人力资源社会保障部、农业部、中国人民银行等部门要按照职责分工，加强对东西部扶贫协作和对口支援工作的指导和支持。中央组织部要统筹东西部扶贫协作和对口支援挂职干部人才选派管理工作。审计机关要依法加强对扶贫政策落实情况和扶贫资金的审计监督。纪检监察机关要加强扶贫领域监督执纪问责。

（三）开展考核评估

把东西部扶贫协作工作纳入国家脱贫攻坚考核范围，作为国家扶贫督查巡查重要内容，突出目标导向、结果导向，督查巡查和考核内容包括减贫成效、劳务协作、产业合作、人才支援、资金支持五个方面，重点是解决建档立卡贫困人口脱贫。对口支援工作要进一步加强对精准扶贫工作成效的考核。东西部扶贫协作考核工作由国务院扶贫开发领导小组组织实施，考核结果向党中央、国务院报告。

（据新华社北京 2016 年 12 月 7 日电）

省级党委和政府扶贫开发工作成效考核办法

中共中央办公厅、国务院办公厅

第一条 为了确保到 2020 年现行标准下农村贫困人口实现脱贫，贫困县全部摘帽，解决区域性整体贫困，根据《中共中央、国务院关于打赢脱贫攻坚战的决定》，制定本办法。

第二条 本办法适用于中西部 22 个省（自治区、直辖市）党委和政府扶贫开发工作成效的考核。

第三条 考核工作围绕落实精准扶贫、精准脱贫基本方略，坚持立足实际、突出重点，针对主要目标任务设置考核指标，注重考核工作成效；坚持客观公正、群众认可，规范考核方式和程序，充分发挥社会监督作用；坚持结果导向、奖罚分明，实行正向激励，落实责任追究，促使省级党委和政府切实履职尽责，改进工作，坚决打赢脱贫攻坚战。

第四条 考核工作从 2016 年到 2020 年，每年开展一次，由国务院扶贫开发领导小组组织进行，具体工作由国务院扶贫办、中央组织部牵头，会同国务院扶贫开发领导小组成员单位组织实施。

第五条 考核内容包括以下几个方面：

（一）减贫成效。考核建档立卡贫困人口数量减少、贫困县退出、贫困地区农村居民收入增长情况。

（二）精准识别。考核建档立卡贫困人口识别、退出精准度。

（三）精准帮扶。考核对驻村工作队和帮扶责任人帮扶工作的满意度。

（四）扶贫资金。依据财政专项扶贫资金绩效考评办法，重点考核各省（自治区、直辖市）扶贫资金安排、使用、监管和成效等。

第六条 考核工作于每年年底开始实施，次年2月底前完成，按以下步骤进行：

（一）省级总结。各省（自治区、直辖市）党委和政府，对照国务院扶贫开发领导小组审定的年度减贫计划，就工作进展情况和取得成效形成总结报告，报送国务院扶贫开发领导小组。

（二）第三方评估。国务院扶贫开发领导小组委托有关科研机构和社会组织，采取专项调查、抽样调查和实地核查等方式，对相关考核指标进行评估。

（三）数据汇总。国务院扶贫办会同有关部门对建档立卡动态监测数据、国家农村贫困监测调查数据、第三方评估和财政专项扶贫资金绩效考评情况等进行汇总整理。

（四）综合评价。国务院扶贫办会同有关部门对汇总整理的数据和各省（自治区、直辖市）的总结报告进行综合分析，形成考核报告。考核报告应当反映基本情况、指标分析、存在问题等，作出综合评价，提出处理建议，经国务院扶贫开发领导小组审议后，报党中央、国务院审定。

（五）沟通反馈。国务院扶贫开发领导小组向各省（自治区、直辖市）专题反馈考核结果，并提出改进工作的意见建议。

第七条 考核中发现下列问题的，由国务院扶贫开发领导小组提出处理意见：

（一）未完成年度减贫计划任务的。

（二）违反扶贫资金管理使用规定的。

（三）违反贫困县约束规定，发生禁止作为事项的。

（四）违反贫困退出规定，弄虚作假、搞"数字脱贫"的。

（五）贫困人口识别和退出准确率、帮扶工作群众满意度较低的。

（六）纪检、监察、审计和社会监督发现违纪违规问题的。

第八条　考核结果由国务院扶贫开发领导小组予以通报。对完成年度计划减贫成效显著的省份，给予一定奖励。对出现本办法第七条所列问题的，由国务院扶贫开发领导小组对省级党委、政府主要负责人进行约谈，提出限期整改要求；情节严重、造成不良影响的，实行责任追究。考核结果作为对省级党委、政府主要负责人和领导班子综合考核评价的重要依据。

第九条　参与考核工作的中央部门应当严守考核工作纪律，坚持原则、公道正派、敢于担当，保证考核结果的公正性和公信力。各省（自治区、直辖市）应当及时、准确提供相关数据、资料和情况，主动配合开展相关工作，确保考核顺利进行。对不负责任、造成考核结果失真失实的，应当追究责任。

第十条　各省（自治区、直辖市）应当参照本办法，结合本地区实际制定相关办法，加强对本地区各级扶贫开发工作的考核。

第十一条　本办法由国务院扶贫办商中央组织部负责解释。

第十二条　本办法自 2016 年 2 月 9 日起施行。2012 年 1 月 6 日印发的《扶贫开发工作考核办法（试行）》同时废止。

由中共中央办公厅、国务院办公厅印发的《省级党委和政府扶贫开发工作成效考核办法》（以下简称《办法》），自 2016 年 2 月 9 日起施行。根据《办法》，考核结果作为对省级党委、政府主要负责人和领导班子综合考核评价的重要依据。

《办法》旨在确保到 2020 年现行标准下农村贫困人口实现脱贫，贫困县全部摘帽，解决区域性整体贫困，适用于中西部 22 个省（自治区、直辖市）党委和政府扶贫开发工作成效的考核。据了解，我国贫困问题十分突出。贫困区域密集。目前，全国有 14 个集中连片特殊困难地区、592 个国家扶贫开发工作重点县、12.8 万个贫困村，贫困人口众多。截至 2014 年底，全国还有 2 948.5 万个贫困户、7 017 万贫困人口。贵州、云南、河南、广西、湖南、四川 6 个省区贫困人口均超过 500 万。此外，脱贫时间也很紧迫。在五六年时间内减贫 7 000 多万，意味着每年要减贫 1 170 万，平均每月减贫 100 万，时间非常紧迫、任务十分艰巨。

《办法》明确，考核工作从 2016 年到 2020 年，每年开展一次，由国务院扶贫开发领导小组组织进行，具体工作由国务院扶贫办、中央组织部牵头，会同国务院扶贫开发领导小组成员单位组织实施。

根据《办法》，考核内容包括：（一）减贫成效。考核贫困人口数量减少、贫困县退出、贫困地区农村居民收入增长情况。（二）精准识别。考核贫困人口识别、退出精准度。（三）精准帮扶。考核对驻村工作队和帮扶责任人帮扶工作的满意度。（四）扶贫资金。依据财政专项扶贫资金绩效考评办法，重点考核各省（自治区、直辖市）扶贫资金安排、使用、监管和成效等。

考核中发现下列问题的，由国务院扶贫开发领导小组提出处理意见：未完成年度减贫计划任务的；违反扶贫资金管理使用规定的；违反贫困县约束规定，发生禁止作为事项的；违反贫困退出规定，弄虚作假、搞"数字脱贫"的；贫困人口识别和退出准确率、帮扶工作群众满意度较低的，以及存在纪检、监察、审计和社会监督发现违纪违规问题的。

《办法》明确，考核结果由国务院予以通报。对完成年度计划减贫成效显著的省份，给予一定奖励。对出现前述问题的，对省级党委、政府主要负责人进行约谈，提出限期整改要求；情节严重、造成不良影响的，追究责任。

（据新华社北京 2016 年 2 月 16 日电）

关于建立贫困退出机制的意见

中共中央办公厅、国务院办公厅

为贯彻落实《中共中央、国务院关于打赢脱贫攻坚战的决定》和中央扶贫开发工作会议精神，切实提高扶贫工作的针对性、有效性，现就建立贫困退出机制提出如下意见。

一、指导思想

全面贯彻党的十八大和十八届三中、四中、五中全会精神，深入贯彻习近平总书记系列重要讲话精神，紧紧围绕"五位一体"总体布局和"四个全面"战略布局，牢固树立创新、协调、绿色、开放、共享的发展理念，按照党中央、国务院决策部署，深入实施精准扶贫、精准脱贫，以脱贫实效为依据，以群众认可为标准，建立严格、规范、透明的贫困退出机制，促进贫困人口、贫困村、贫困县在2020年以前有序退出，确保如期实现脱贫攻坚目标。

二、基本原则

——**坚持实事求是**。对稳定达到脱贫标准的要及时退出，新增贫困人口或返贫人口要及时纳入扶贫范围。注重脱贫质量，坚决防止虚假脱贫，确保贫困退出反映客观实际、经得起检验。

——**坚持分级负责**。实行中央统筹、省（自治区、直辖市）负总责、市（地）县抓落实的工作机制。国务院扶贫开发领导小组制定统一的退出标准和程序，负责督促指导、抽查核查、评估考核、备案登记等工作。省（自治区、直辖市）制定本地脱贫规划、年度计划和实施办法，抓好组织实施和监督检查。

市（地）县汇总数据，甄别情况，具体落实，确保贫困退出工作有序推进。

——**坚持规范操作**。严格执行退出标准、规范工作流程，切实做到程序公开、数据准确、档案完整、结果公正。贫困人口退出必须实行民主评议，贫困村、贫困县退出必须进行审核审查，退出结果公示公告，让群众参与评价，做到全程透明。强化监督检查，开展第三方评估，确保脱贫结果真实可信。

——**坚持正向激励**。贫困人口、贫困村、贫困县退出后，在一定时期内国家原有扶贫政策保持不变，支持力度不减，留出缓冲期，确保实现稳定脱贫。对提前退出的贫困县，各省（自治区、直辖市）可制定相应奖励政策，鼓励脱贫摘帽。

三、退出标准和程序

（一）贫困人口退出

贫困人口退出以户为单位，主要衡量标准是该户年人均纯收入稳定超过国家扶贫标准且吃穿不愁，义务教育、基本医疗、住房安全有保障。

贫困户退出，由村"两委"组织民主评议后提出，经村"两委"和驻村工作队核实、拟退出贫困户认可，在村内公示无异议后，公告退出，并在建档立卡贫困人口中销号。

（二）贫困村退出

贫困村退出以贫困发生率为主要衡量标准，统筹考虑村内基础设施、基本公共服务、产业发展、集体经济收入等综合因素。原则上贫困村贫困发生率降至2%以下（西部地区降至3%以下），在乡镇内公示无异议后，公告退出。

（三）贫困县退出

贫困县包括国家扶贫开发工作重点县和集中连片特困地区县。贫困县退出以贫困发生率为主要衡量标准。原则上贫困县贫困发生率降至2%以下（西部地区降至3%以下），由县级扶贫开发领导小组提出退出，市级扶贫开发领导小组初审，省级扶贫开发领导小组核查，确定退出名单后向社会公示征求意见。公示无异议的，由各省（自治区、直辖市）扶贫开发领导小组审定后向国务院扶贫开发领导小组报告。

国务院扶贫开发领导小组组织中央和国家机关有关部门及相关力量对地方退出情况进行专项评估检查。对不符合条件或未完整履行退出程序的，责成相关地方进行核查处理。对符合退出条件的贫困县，由省级政府正式批准退出。

四、工作要求

（一）切实加强领导

各省（自治区、直辖市）党委和政府要高度重视贫困退出工作，加强组织领导和统筹协调，认真履行职责。贫困退出年度任务完成情况纳入中央对省级党委和政府扶贫开发工作成效考核内容。地方各级扶贫开发领导小组要层层抓落实，精心组织实施。地方各级扶贫部门要认真履职，当好党委和政府的参谋助手，协调有关方面做好调查核实、公示公告、备案管理、信息录入等工作。

（二）做好退出方案

各省（自治区、直辖市）要按照省（自治区、直辖市）负总责的要求，因地制宜，尽快制定贫困退出具体方案，明确实施办法和工作程序。退出方案要符合脱贫攻坚实际情况，防止片面追求脱贫进度。

（三）完善退出机制

贫困退出工作涉及面广、政策性强，要在实施过程中逐步完善。要做好跟踪研判，及时发现和解决退出机制实施过程中的苗头性、倾向性问题。要认真开展效果评估，确保贫困退出机制的正向激励作用。

（四）强化监督问责

国务院扶贫开发领导小组、各省（自治区、直辖市）党委和政府要组织开展扶贫巡查工作，分年度、分阶段定期或不定期进行督导和专项检查。对贫困退出工作中发生重大失误、造成严重后果的，对存在弄虚作假、违规操作等问题的，要依纪依法追究相关部门和人员责任。

（据新华社北京 2016 年 4 月 28 日电）

脱贫攻坚责任制实施办法

中共中央办公厅、国务院办公厅

第一章 总   则

第一条 为了全面落实脱贫攻坚责任制，根据《中共中央、国务院关于打赢脱贫攻坚战的决定》和中央有关规定，制定本办法。

第二条 本办法适用于中西部22个省（自治区、直辖市）党委和政府、有关中央和国家机关脱贫攻坚责任的落实。

第三条 脱贫攻坚按照中央统筹、省负总责、市县抓落实的工作机制，构建责任清晰、各负其责、合力攻坚的责任体系。

第二章 中央统筹

第四条 党中央、国务院主要负责统筹制定脱贫攻坚大政方针，出台重大政策举措，完善体制机制，规划重大工程项目，协调全局性重大问题、全国性共性问题。

第五条 国务院扶贫开发领导小组负责全国脱贫攻坚的综合协调，建立健全扶贫成效考核、贫困县约束、督查巡查、贫困退出等工作机制，组织实施对省级党委和政府扶贫开发工作成效考核，组织开展脱贫攻坚督查巡查和第三方评估，有关情况向党中央、国务院报告。

第六条 国务院扶贫开发领导小组建设精准扶贫精准脱贫大数据平台，建立部门间信息互联共享机制，完善农村贫困统计监测体系。

第七条 有关中央和国家机关按照工作职责，运用行业资源落实脱贫攻坚责任，按照《贯彻实施〈中共中央、国务院关于打赢脱贫攻坚战的决定〉重要政策措施分工方案》要求制定配套政策并组织实施。

第八条　中央纪委机关对脱贫攻坚进行监督执纪问责，最高人民检察院对扶贫领域职务犯罪进行集中整治和预防，审计署对脱贫攻坚政策落实和资金重点项目进行跟踪审计。

第三章　省负总责

第九条　省级党委和政府对本地区脱贫攻坚工作负总责，并确保责任制层层落实；全面贯彻党中央、国务院关于脱贫攻坚的大政方针和决策部署，结合本地区实际制定政策措施，根据脱贫目标任务制定省级脱贫攻坚滚动规划和年度计划并组织实施。省级党委和政府主要负责人向中央签署脱贫责任书，每年向中央报告扶贫脱贫进展情况。

第十条　省级党委和政府应当调整财政支出结构，建立扶贫资金增长机制，明确省级扶贫开发投融资主体，确保扶贫投入力度与脱贫攻坚任务相适应；统筹使用扶贫协作、对口支援、定点扶贫等资源，广泛动员社会力量参与脱贫攻坚。

第十一条　省级党委和政府加强对扶贫资金分配使用、项目实施管理的检查监督和审计，及时纠正和处理扶贫领域违纪违规问题。

第十二条　省级党委和政府加强对贫困县的管理，组织落实贫困县考核机制、约束机制、退出机制；保持贫困县党政正职稳定，做到不脱贫不调整、不摘帽不调离。

第四章　市县落实

第十三条　市级党委和政府负责协调域内跨县扶贫项目，对项目实施、资金使用和管理、脱贫目标任务完成等工作进行督促、检查和监督。

第十四条　县级党委和政府承担脱贫攻坚主体责任，负责制定脱贫攻坚实施规划，优化配置各类资源要素，组织落实各项政策措施，县级党委和政府主要负责人是第一责任人。

第十五条　县级党委和政府应当指导乡、村组织实施贫困村、贫困人口建档立卡和退出工作，对贫困村、贫困人口精准识别和精准退出情况进行检查考核。

第十六条　县级党委和政府应当制定乡、村落实精准扶贫精准脱贫的指导意见并监督实施，因地制宜、分类指导，保证贫困退出的真实性、有效性。

第十七条　县级党委和政府应当指导乡、村加强政策宣传，充分调动贫困群众的主动性和创造性，把脱贫攻坚政策措施落实到村到户到人。

第十八条　县级党委和政府应当坚持抓党建促脱贫攻坚，强化贫困村基层党组织建设，选优配强和稳定基层干部队伍。

第十九条　县级政府应当建立扶贫项目库，整合财政涉农资金，建立健全扶贫资金项目信息公开制度，对扶贫资金管理监督负首要责任。

第五章　合力攻坚

第二十条　东西部扶贫协作和对口支援双方各级党政主要负责人必须亲力亲为，推动建立精准对接机制，聚焦脱贫攻坚，注重帮扶成效，加强产业带动、劳务协作、人才交流等方面的合作。东部地区应当根据财力增长情况，逐步增加帮扶投入；西部地区应当主动对接，整合用好资源。

第二十一条　各定点扶贫单位应当紧盯建档立卡贫困人口，细化实化帮扶措施，督促政策落实和工作到位，切实做到扶真贫、真扶贫，不脱贫、不脱钩。

第二十二条　军队和武警部队应当发挥组织严密、突击力强等优势，积极参与地方脱贫攻坚，有条件的应当承担定点帮扶任务。

第二十三条　各民主党派应当充分发挥在人才和智力扶贫上的优势和作用，做好脱贫攻坚民主监督工作。

第二十四条　民营企业、社会组织和公民个人应当积极履行社会责任，主动支持和参与脱贫攻坚。

第六章　奖　　惩

第二十五条　各级党委和政府、扶贫开发领导小组以及有关中央和国家机关可以按照有关规定对落实脱贫攻坚责任到位、工作成效显著的部门和个人，以适当方式予以表彰，并作为干部选拔使用的重要依据；对不负责任、造成不良影响的，依纪依法追究相关部门和人员责任。

第二十六条　各级党委和政府、扶贫开发领导小组以及有关中央和国家机关对在脱贫攻坚中作出突出贡献的社会帮扶主体，予以大力宣传，并按照有关规定进行表彰。

第七章　附　　则

第二十七条　中西部22个省（自治区、直辖市）应当参照本办法，结合本地区实际制定实施细则。其他省（自治区、直辖市）可以参照本办法实施。

第二十八条　本办法由国务院扶贫开发领导小组办公室负责解释。

第二十九条　本办法自2016年10月11日起施行。

（二）习近平总书记系列讲话

习近平总书记关于"三农"的重要论述在浙江的形成与实践

来源：人民网－人民日报

习近平同志在浙江工作期间，高度重视"三农"工作。早在 2003 年 2 月，他在省委党校作专题报告时就指出："要深入研究一些根本性的问题，认真把握一些规律性的要求，积极探索一些政策性的导向，加快推进农业产业化、农村城镇化、农民非农化。"之后，他又主持制定了《统筹城乡发展推进城乡一体化纲要》等一系列推动"三农"加快发展的重要文件，亲自部署了"千村示范万村整治"等一系列统筹城乡发展的重要工程，探索推进了"三位一体"合作经济发展等一系列农业农村重大改革，作出了一系列关于"三农"发展的重要论述，对从根本上解决城乡二元体制和"三农"问题进行了深入思考和实践探索，直接推动了浙江省强农惠农富农政策体系和城乡一体化制度框架的构建和完善，使浙江城乡发展一体化步伐走在了前列。重温习近平同志对浙江"三农"工作的一系列重要论述，总结浙江这些年来的探索实践，对于新时代实施乡村振兴战略，更好地开辟"三农"工作新局面，具有重要指导意义。

一、在"三农"发展战略上，习近平同志站在全局和战略的高度，按照统筹城乡经济社会发展的战略思想，以城乡关系认识"三农"问题，提出"农业兴才能百业兴、农民富才能全省富、农村稳才能全局稳"（2003 年 4 月 15 日在杭州市余杭区"三农"工作座谈会上的讲话），作出"浙江已全面进入以工促农、以城带乡的新阶段"的重要判断，强调"要切实做到执政为民重'三农'、以人为本谋'三农'、统筹城乡兴'三农'、改革开放促'三农'、求真务实抓'三农'"（2005年1月7日在全省农村工作会议上的讲话）。这是认识"三农"问题思维方式的重大变革，深刻揭示了"三农"问题是工业化城镇化进程中城乡关系失衡的本质，全面阐述了解决好"三农"问题在现代化全局和长远发展中的根本地位，为浙江省大力实践统筹城乡发展奠定了思想基础，推动了"三农"工作思路的大创新、内容的大拓展和机制的大变革。这些年来，浙江全面落实"'三农'重中之重"的战略思想，正确把握现代化进程中城乡关系的变迁规律，大力度推进统筹城乡发展，城乡发展一体化水平不断提高，率先进入城乡融合发展阶段。2015年，浙江农村全面小康实现度达97.2%，为全国各省区最高。

二、在发展现代农业上，习近平同志针对工业化城镇化快速推进中农业发展滞后并被忽视的问题，强调"无论经济发展到什么水平，无论农业在国民经济中的比重下降到什么程度，农业的基础地位都不会变"（2003年1月13日在全省农村工作会议上的讲话），并抓住新世纪初农业市场化国际化进程加快的机遇，顺应传统农业向现代农业转变的趋势和经济社会可持续发展的要求，审时度势地作出了大力发展高效生态农业的重大决策，强调"以绿色消费需求为导向，以农业工业化和经济生态化理念为指导，以提高农业市场竞争力和可持续发展能力为核心，深入推进农业结构的战略性调整"（2005年1月7日在全省农村工作会议上的讲话），提出"大幅度提高农业的土地产出率、劳动生产率和市场竞争力，推动农业全面走上新型农业现代化的路子"（2007年1月18日在全省农村工作会议上的讲话）。这是对农业现代化发展规律的深刻认识，推动了浙江省农业现代化内涵的重大拓展、导向的重大提升和实践的重大创新。

这些年来，浙江进一步强化农业在全局中的基础地位，以高效生态农业为目标模式，坚定不移推进农业供给侧结构性改革，果断打出现代生态循环农业、畜牧业绿色发展、化肥农药减量增效、渔业转型促治水、海上"一打三整治"、农业"两区（粮食生产功能区、现代农业园区）"土壤污染防治等农业生态建设组合拳，不断深化农业"两区"建设，大力培育农业新型经营主体、农业品牌，加快推进农业产业化、信息化、农产品电商化，农业市场竞争力迅速增强，实现了从资源小省向农业强省的跃升。2016年，全省农林牧渔业增加值突破2 000亿元，农业产业化组织突破5.5万家。

三、在推进农村建设上，习近平同志针对新世纪初浙江省不断富足起来的农民群众对人居条件越来越不满意的状况，作出了大力实施"千村示范万村整治"工程的前瞻性重大决策，强调"要把'千村示范万村整治'工程作为推动农村全面小康建设的基础工程、统筹城乡发展的龙头工程、优化农村环境的生态工程、造福农民群众的民心工程"（2004年7月26日在全省"千村示范万村整治"现场会上的讲话），"有效促进城市基础设施向农村延伸、城市公共服务向农村覆盖、城市现代文明向农村辐射"（2004年7月26日在全省"千村示范万村整治"工作现场会上的讲话）。这是统筹城乡发展战略思想的率先实践，是加快缩小城乡差距的实际行动。这些年来，浙江持续实施"千万工程"这一改善农村人居环境大行动，与时俱进地推进美丽乡村建设、打造美丽乡村升级版，坚决打出农村生活污水治理、农村生活垃圾处理、平原绿化、河长制等农村环境建设组合拳，农业面源污染状况明显改善，农村脏乱差现象得到根本性改变，美丽乡村成为一张金名片，人民群众得到了巨大实惠。至2017年底，全省2.7万多个村实现村庄整治全覆盖，农村生活污水治理规划保留村覆盖率100%、农户受益率74%，农村生活垃圾集中收集有效处理基本覆盖，农村生活垃圾减量化资源化无害化分类处理建制村覆盖率40%。

四、在促进农民增收上，习近平同志针对新世纪初城乡居民收入差距持续扩大的问题，强调"必须坚持富民为本、富民为先，切实把增加农民收入、提高农民生活质量作为新阶段'三农'工作的出发点和落脚点"（2003年1月13日在全省农村工作会议上的讲话），提出"要充分挖掘农业内部增收潜力""继续加快发展农村二、三产业，拓宽农民外出务工经商的转移渠道""解决农民收入问题，既要鼓励农民走出去，又要引导农民留下来，还要支持出去的农民回乡创业"（2006年3月23日在省委建设社会主义新农村专题学习会上的讲话），并全面建立科技特派员制度。这是以人为本发展理念的全面实践，是缩小社会群体收入差距、构建和谐社会的根本举措，推动了浙江省农民收入持续普遍较快增长。这些年来，浙江把增加农民收入作为"三农"工作的中心任务，加快转变增收方式，不断拓宽增收渠道，着力挖掘增收潜力，逐渐形成了"以能人创业为先导，能人创业带动农民就业、农民就业促进农业劳动生产率提高"的"共创共富"的农民持续增收机制，农民收入呈现水平高、速度快、差距小的特点。2016年，全省农村常住居民人均可支配收入22 866元，连续32年居全国省区第一，党的十八大以来年均增长12%；城乡居民收入比值为2.066，为全国各省区最小；11个地级市中有7个市城乡居民收入比值缩小到2以内，农民收入最高的嘉兴市和最低的丽水市比值为1.76，区域间农民收入差距逐步缩小。

五、在推动扶贫开发上，习近平同志针对当时欠发达地区发展滞后和仍有大量贫困人口的问题，提出"努力使欠发达地区的发展成为全省经济新的增长点""不能把贫困村、贫困人口带入全面小康社会"的战略要求，强调"现代化建设不能留盲区死角，实现全面小康一个乡镇也不能掉队"（2003年1月13日在全省农村工作会议上的讲话），强调"把扶贫这件事扎扎实实做好。勿以善小而不为，虽然比例是小的，人口是少的，好像无关浙江省大局，错了，一个也不能少"（2007年1月23日在加快实施"欠发达乡镇奔小康工程"座谈会上的讲话），指出"现在的贫困问题不是块状贫困，而是星星点点的点状贫困，这要求我们扶贫工作观念要明晰，定位要准确，要做到因地制宜'真扶贫，扶真贫'"（2003年1月20日在浙江"两会"期间参加省人大温州代表团讨论时的讲话），要求"欠发达地区广大干部群众要继续发扬自力更生、艰苦奋斗的精神，进一步增强自我发展能力，尽快改变落后面貌"（2003年1月13日在全省农村工作会议上的讲话），主持制定了推进欠发达地区加快发展的政策文件，部署实施了欠发达乡镇奔小康、山海协作、百亿帮扶致富建设等扶贫工程，亲自创立了结对帮扶制度。这是扶贫开发战略、路径、方式的重大变革，是对欠发达地区和低收入农户的深切关怀，为推进浙江欠发达地区加快发展、提前消除绝对贫困指明了前进方向、奠定了坚实基础。这些年来，浙江牢固树立精准扶贫、精准脱贫的战略思想，坚持把扶贫开发融入"四化同步"进程，坚持消除绝对贫困与减缓相对贫困并重、区域发展与群体增收并重、搬迁集聚与就地发展并重、造血扶贫与输血扶贫并重，坚持专项扶贫、行业扶贫、社会扶贫"三位一体"大扶贫格局，大力实施低收入农户奔小康工程、低收入农户收入倍增计划、重点欠发达县特别扶持计划、山海协作工程、山区经济发展等一系列扶贫工程，扶贫开发取得历史性成就。2015年，全省家庭人均收入4 600元以下绝对贫困现象全面消除，26个欠发达县一次性摘帽；2016年，全省低收入农户人均可支配收入突破万元，达到10 169元。

六、在生态文明建设上，习近平同志针对浙江先期遇到保护生态环境与加快经济发展的尖锐矛盾和激烈冲突，强调"过去讲既要绿水青山，也要金山银山，其实绿水青山就是金山银山""要坚定不移地走这条路"（2005 年 8 月 15 日在安吉县天荒坪镇余村考察时的讲话），指出"绿水青山可带来金山银山，但金山银山却买不到绿水青山""如果能够把这些生态环境优势转化为生态农业、生态工业、生态旅游等生态经济的优势，那么绿水青山也就变成了金山银山"（2005 年 8 月 24 日在《浙江日报》"之江新语"栏目评论），作出了建设生态省、打造"绿色浙江"的战略决策。这是人类文明发展理念的嬗变和升华，是经济社会发展方式的认识飞跃，是走向社会主义生态文明新时代的重要理论遵循和实践指南，有力推动了浙江省生态文明建设。这些年来，浙江坚定不移沿着"绿水青山就是金山银山"的路子走下去，大力实施"811"美丽浙江建设行动，果断打出"五水共治"等转型升级组合拳，深入推进"千万工程"、美丽乡村建设，大力发展乡村旅游、养生养老、运动健康、文化创意、电子商务等美丽经济，率先实施生态保护补偿机制、与污染物排放总量挂钩的财政收费制度、与出境水质和森林覆盖率挂钩的财政奖惩制度，生态文明建设迈向更高水平。全省生态环境发生优质水提升、劣质水下降，蓝天提升、PM2.5 下降，绿化提升、森林火灾下降的"三升三降"的明显变化。2016 年，全省森林覆盖率 61%，平原林木覆盖率 19.8%。

七、在公共服务供给上，习近平同志针对农民公共服务需求日益增长而农村公共服务发展明显滞后的问题，强调"要加大公共财政向农村倾斜的力度，把基础设施建设和发展教科文卫体等社会事业的重点放到农村，全面改善农村的供水、供电、环保、交通、通讯、广播电视、信息网络等公共服务的基础条件，继续大力实施城乡教育均衡工程、农民健康工程、农村文化建设工程、小康健身工程，全面提高农村社会事业发展水平；

建立健全多层次、普惠性的农村社保体系，不断提高农村社保水平，逐步缩小城乡公共服务的差距"（2006年3月23日在省委建设社会主义新农村专题学习会上的讲话），在2004年率先建立为民办实事长效机制，每年办好10方面民生实事。这是对统筹城乡发展和统筹经济社会发展战略思想的生动诠释，是调整国民收入分配格局的率先探索，推动了浙江省农村公共服务的加快发展和城乡一体公共服务制度体系的加快构建。这些年来，浙江坚持把基本公共服务均等化作为统筹城乡发展的战略重点，完善城乡一体公共服务体制机制，加快城乡公共服务制度接轨、质量均衡、水平均等。2015年底，全省基本公共服务均等化实现度为90.7%，5年提高8个百分点。2016年，国家卫生城市、卫生县城实现全覆盖，全省农村基础养老金每月135元，城乡基本医疗保险人均筹资标准每年859元，农村低保平均标准每月631元，68个县（市、区）实现城乡低保同标。

八、在农村基层党建和乡村社会治理上，习近平同志针对农村社会结构变动、价值观念多元、民主意识增强等新情况新问题，指出"农村基层党组织是党在农村全部工作的基础""要把农村基层党组织建设成为带领农民建设社会主义新农村的坚强战斗堡垒，使农村基层党员和干部成为建设社会主义新农村的排头兵"（2006年3月23日在省委建设社会主义新农村专题学习会上的讲话），强调"确保农村稳定，为农民群众营造良好的生产生活环境，是实现好、维护好、发展好最广大农民根本利益的必然要求，也是统筹城乡发展的必然要求"（2004年1月4日在全省农村工作会议上的讲话），建立推行了农村工作指导员制度，总结提炼了"后陈经验"（建立村务监督委员会），创新发展了"枫桥经验"（矛盾不上交、问题不出村），提升实践了"新仓经验"（生产供销联合与合作）。这是对农村基层党建、基层民主、基层管理和新型联合与合作的创新实践，是完善乡村治理机制的有效探索。这些年来，浙江把加强基层党建作为推进党的建设伟大工程的重要基础，推行农村基层党建"整乡推进、整县提升"和"浙江二十条"，创新推出乡村"四大平台"、三多清理（机构牌子多、考核评比多、创建达标多）、农村小微权力清单制度、村民说事制度、法治德治自治"三治融合"、新乡贤治村等一系列举措，强化了农村党的领导、保障了农民民主权益、丰富了基层民主形式、优化了基层公共服务、有力促进了农村社会和谐稳定。

九、在深化农村改革上，习近平同志着眼于构建城乡一体化制度体系，大力推进统筹城乡发展工程建设，着力改革城乡二元体制机制，指出"改革是解决农业农村发展中各种矛盾和问题的根本出路"（2004 年 1 月 4 日在全省农村工作会议上的讲话）。"深化改革是新农村建设的体制保障和动力源泉"（2006 年 3 月 23 日在省委建设社会主义新农村专题学习会上的讲话）。强调"要致力于突破城乡二元结构，深化征地、户籍、就业、社保等城乡配套改革，消除影响'三农'发展的体制性和政策性障碍，给农民平等的发展机会"（2004 年 1 月 4 日在全省农村工作会议上的讲话）。要求"建立健全有利于促进统筹城乡发展的体制，让一切劳动、知识、技术、管理和资本都能在农村迸发活力、创造财富"（2006 年 3 月 23 日在省委建设社会主义新农村专题学习会上的讲话）。部署实施了县乡财政体制、乡镇机构、征地制度、农村金融、教育卫生等农村综合改革，探索实践了发展"三位一体"合作经济改革试点，并指出"统筹城乡发展最根本的是要消除城乡二元结构，形成以工促农、以城带乡、城乡互动、共同进步的发展格局"（2006 年 3 月 23 日在省委建设社会主义新农村专题学习会上的讲话）。这是解决"三农"问题的治本之策，是缩小城乡差距的制度创新，推动了浙江省以工促农、以城带乡、工农互惠、城乡一体新型工农城乡关系的加快建立。这些年来，浙江把改革创新作为推进"三农"发展的根本动力，设立农村改革试验区，协调推进"四化同步"，城乡公共资源均衡配置体制基本建立，城乡生产要素平等交换体制加快构建，初步建立起工农互促和城乡统筹的政策体系和制度框架，农民群众获得更多改革红利。至 2016 年底，全省符合条件的农村宅基地确权登记颁证率 95%，农村经济合作社股份合作制改革覆盖率达 99.5%，农村产权流转交易市场覆盖率达 96%，省市县乡四级生产供销信用"三位一体"农合联组织体系全面构建。

习近平总书记关于"三农"的重要论述博大精深，立意深远，视野广阔，内涵丰富，从宏观全局和历史进程，全面阐述了"三农"发展的一系列重大理论问题和现实问题，深刻揭示了现代化进程中城乡关系变迁的一般规律和富民强国之路，提升了农村改革发展经验，丰富了中国特色社会主义"三农"理论，是习近平新时代中国特色社会主义思想的重要组成部分，是新时代做好"三农"工作的强大思想武器和根本遵循。浙江将深入学习、认真贯彻习近平总书记关于"三农"的重要论述，坚定不移沿着"八八战略"指引的路子走下去，大力弘扬红船精神和浙江精神，围绕"两个高水平"奋斗目标，按照"产业兴旺、生态宜居、乡风文明、治理有效、生活富裕"的总要求，全面实施乡村振兴战略，加快推进城乡融合，高水平推进农业农村现代化。

《人民日报》（2018 年 01 月 21 日 01 版）

中共中央政治局召开会议　中共中央总书记习近平主持会议

听取 2017 年省级党委和政府脱贫攻坚工作成效考核情况汇报

来源：人民网－人民日报

新华社北京 3 月 30 日电　中共中央政治局 3 月 30 日召开会议，听取 2017 年省级党委和政府脱贫攻坚工作成效考核情况汇报，对打好脱贫攻坚战提出要求。中共中央总书记习近平主持会议。

会议认为，党的十八大以来，在以习近平同志为核心的党中央坚强领导下，脱贫攻坚取得了决定性进展。中国特色脱贫攻坚制度体系全面建立，精准扶贫精准脱贫方略扎实推进，各方联动社会参与的大扶贫格局基本形成，创造了我国减贫史上最好成绩。2017 年，党中央关于脱贫攻坚的决策部署得到全面贯彻落实，各地区各部门责任进一步强化，五级书记抓脱贫攻坚的思想自觉和行动自觉基本形成，精准扶贫精准脱贫政策措施落地见效，东西部扶贫协作全面提速，中央单位定点扶贫稳步推进，工作作风明显转变，脱贫攻坚迈上新的台阶。

会议指出，我们党的初心和使命，就是为中国人民谋幸福，为中华民族谋复兴。打好精准脱贫攻坚战、实现贫困群众对美好生活的向往，体现了我们党的初心和使命。未来三年，历史性地解决中华民族千百年来的绝对贫困问题，让现行标准下的贫困人口同全国人民一道迈入小康社会，是我们必须完成的重大任务。当前，脱贫攻坚面临的任务和挑战还十分艰巨，存在的突出问题仍然不少。一些地方贫困程度深、基础条件薄弱、公共服务不足，特殊困难群体脱贫难度大。一些地方精准扶贫基础不扎实，政策措施不落实不到位不精准，资金使用管理不规范，形式主义、官僚主义、弄虚作假现象时有发生。打好脱贫攻坚战仍需付出艰辛努力。

会议强调，实行最严格的考核评估制度是打赢脱贫攻坚战的重要保障。离脱贫攻坚目标实现期限越近，任务越艰巨，越要实行严格的考核评估。要用好考核结果，对好的给予表扬奖励，对差的约谈整改，对违纪违规的严肃查处。要结合脱贫攻坚进展和考核情况，改进完善考核评估机制，通过较真碰硬的考核，促进真抓实干，确保脱贫工作务实，脱贫过程扎实，脱贫结果真实，让脱贫成效真正获得群众认可、经得起实践和历史检验。

会议要求，各地区各部门要以习近平新时代中国特色社会主义思想为指导，全面贯彻党的十九大精神，牢固树立"四个意识"，强化责任担当，坚持目标标准，坚持精准施策，加强扶贫干部培训，坚决查处扶贫领域腐败和作风问题，落实好党中央关于脱贫攻坚各项决策部署，确保到2020年现行标准下农村贫困人口实现脱贫、贫困县全部摘帽、解决区域性整体贫困目标顺利实现。

会议还研究了其他事项。

《人民日报》(2018 年 03 月 31 日 01 版)

习近平讲故事：扶贫不能 "手榴弹炸跳蚤"

来源：人民网－人民日报海外版

我在福建当副书记、省长时，提出了 "真扶贫、扶真贫" 的问题。上面的措施下去了，下面不问青红皂白，最后钱不知道花在哪儿了，甚至搞不好是一个腐败的滋生地了，我一直在考虑怎么解决这个问题。

上次到湘西十八洞村视察，我感触很深。爬那个山爬了好远，好不容易才到那里。去了以后，一个老太太见了我问，请问你贵姓，你是哪里来的？她不认识我，因为那儿比较偏远，她不看电视，文化也不够。后来，全村乡亲都来了，我一看，人不多，全是 "996138" 部队，也就是老人、孩子、妇女，青壮年都到城里打工去了。这个地方这么偏僻，又是一些老人和儿童，搞什么大事业啊？根本搞不起来。我说，还是给你们搞 "几条腿" 来吧——一户养几头黑猪、一头黄牛，再养几只山羊，这总能办得成。老太太、老大爷听了很高兴，说我就要这个。

党的十八大后，我到一些贫困地区就要看真贫，如河北阜平、湖南花垣、甘肃东乡，都是最贫困的。他们怎么致富？个别地方扶贫有时思路不对，好像扶贫都要搞一些工业项目。在深山老林里搞工业项目，没人才，没市场，成本又高，不容易发展起来。扶贫要实打实解决问题。首先，要为下一代着想，让孩子们上学，教育不能落后了。其次，一些基本公共设施要保障，像路、水、电之类的，实现公共服务均等化。再有，就是靠山吃山、靠水吃水，根据他们的条件和能力，教他们 "打鱼" 的本领。如果是一些老大爷、老太太，就养几只鸡、鸭、羊，给他们选优良品种，教他们科学喂养，给一些扶持资金，这样一年收入有几千块，也可以脱贫。对年轻人，主要是找就业的路子，搞一些培训，引导他们外出打工。对搞种养的人，就帮他们提高产品附加值。

为什么讲要精准扶贫？"手榴弹炸跳蚤"是不行的。新中国成立以后，50年代剿匪，派大兵团去效果不好，那就是"手榴弹炸跳蚤"，得派《林海雪原》里的小分队去。扶贫也要精准，否则钱用不到刀刃上。抓扶贫切忌喊大口号，也不要定那些好高骛远的目标，要一件事一件事做。不要因为总书记去过了，就搞得和别处不一样了，搞成一个不可推广的盆景。钱也不能被吃喝挪用了，那是不行的。

——摘自《习近平总书记的扶贫情结》

（人民日报2017年2月24日24版）

习近平讲故事：下党乡，
"地委书记我是第一个去的"

来源：人民网－人民日报海外版

　　宁德曾是全国十八个集中连片贫困地区之一，一边挨着福州，一边挨着温州，都是富庶之地，到它那儿"短路"了。宁德靠海，但不是有沙滩的海，大部分海岸都是悬崖峭壁，往里走全是大山。我在宁德待了一年零 11 个月，基本走遍了所有的乡镇。当时没有通路的 4 个乡，我去了 3 个，都用了一天时间。

　　当年去下党乡的情形，我记忆犹新。下党乡在寿宁县，从宁德到寿宁，坐车要一天才能到，都是盘山路。当地有"车岭车上天，九岭爬九年"的说法，形容行路之难，那还是到县城去，去乡镇就更不容易了。到下党乡，那真是披荆斩棘、跋山涉水。乡党委书记拿着柴刀在前面砍，我们每个人拿个竹竿，沿着河边走，他说这样走近一点。那个地方，由于过于偏僻难行，上面的干部很少去。地委书记我是第一个去的，县委书记是为了给我打前站才去的。老百姓说，"县衙"都没来过，"地府"就来了，他们把地委书记叫"地府"，也就是知府。一路上，隔上两三里，老百姓就自发在那儿摆摊，一桶一桶的清凉汤，都是用土药材做的，让我们消暑，真是"箪食壶浆，以迎红军"啊。虽然很累，但我很感动。

　　当时，下党乡落后到什么程度呢？老百姓吵架的豪言壮语就是，我还怕你啊，我连圩上都去过，意思是他赶过集、见过世面。那个地方也怕养肥猪，都是深山，抬不出来。老百姓没看过电影，放映队去放《上甘岭》，放完后就有人拿着筐去找子弹壳。我去的时候，下党乡党委连办公的地方都没有，也没有休息的地方，乡党委就设在一个改造过的牛圈里。我们那么多人，就在桥上开会。福建有一种桥叫廊桥，很多活动都在桥上进行，祖宗牌位也放在那里。我去之前，他们把从家家户户借来的躺椅、凳子、桌子摆在那里，中间立一个简易的屏风，一边是开会区，一边是休息区。那样一个地方，你去了一次，人家记你几代。现在他们还会说，当年习书记到过下党乡。冯梦龙在寿宁当过知县，上任时路上走了半年。我们要学习这种精神，为官都想当舒服官，那还不如封建时代的士大夫呢。

——摘自人民日报《习近平总书记的扶贫情结》

（2017 年 02 月 24 日 24 版）

背景资料：

习近平在宁德地区带领群众脱贫攻坚的实践，许多都在《摆脱贫困》一书中做了总结。该书文字不多，仅有 11 万字，收录了他从 1988 年至 1990 年在宁德工作期间的部分讲话和文章；内涵却很丰富，全文围绕闽东地区如何早日脱贫致富这一主题，将一系列极富创造性的战略思想、极富前瞻性的制度理论和极富针对性的实践观点娓娓道来，思想深刻、篇章隽永，真知灼见、掷地有声，发人深省、催人奋进。

正如已故福建省委书记项南同志为此书所作序言说的那样，"虽然近平同志已调离宁德，但今天是从昨天走过来的，他留下的这份精神财富，肯定会对继任者起承前启后的作用"。

习近平讲故事："没有'连家船民'的小康，就没有全省的小康"

来源：人民网－人民日报海外版

在福建的一些地方，特别是闽东的贫困地区，不少人靠山吃山（打柴）、靠海吃海（打鱼），祖祖辈辈散居在"茅草屋"或者"连家船"中，居住条件非常恶劣，生活也非常贫困。在宁德、福州和后来到省里工作期间，我多次到这些群众的家中走访，也一直在思考如何能使这些困难群众彻底摆脱贫困、安居乐业。

"连家船"上的渔民终生漂泊在水上，世代以小木船为家，居无定所，是一个上无片瓦、下无寸土的特殊贫困群体。我印象很深的是，那些渔船大都是破败不堪的，没有电、没有水，低矮、昏暗、潮湿，一家几代人都住在里面。"一条破船挂破网，祖宗三代共一船，捕来鱼虾换糠菜，上漏下漏度时光"，说的就是他们的生活。有的渔民连船都没有了，只好在岸上用油毛毡、编织袋搭一个窝棚，夏热冬寒，难挡风雨，还不如黄土高原上的农民住的窑洞。因为常年生活在这样的环境里，渔民们普遍身材矮小、两腿内弯，生活的贫困加上社会的歧视，使他们怀有很强的自卑心理。看到他们这种处境，我心里感到很不安，就想决不能让乡亲们再漂泊下去了。

1997 年，我担任福建省委副书记时，省政协提供了一份调研报告，反映闽东不少村民仍住在茅草屋里，生存状态很差。我看了更加受到触动，就召集有关部门开会研究，还带队到闽东沿海、山区进行了专题调研。回来后，我给省委写了报告，建议尽快解决"茅草屋"和"连家船"问题。省里十分重视，把"连家船民搬迁上岸""茅草房改造搬迁"都纳入了为民办实事项目，出台一系列政策，帮助他们解决搬迁、就业等问题。1998年底，我还在福安主持召开了"连家船民"上岸定居现场会。当时我说，古人尚且讲"意莫高于爱民，行莫厚于乐民"，我们共产党人看到群众生活如此困苦，更应感到寝不安席、食不甘味！没有"连家船民"的小康，就没有全省的小康。这件事非做好不可，要让所有的"连家船民"都能跟上全省脱贫致富奔小康的步伐，实实在在地过上幸福生活。经过几年的艰苦努力，到21世纪初，"连家船""茅草屋"现象在福建基本都消灭了，数万人告别了风雨飘摇的生活，过上了安稳日子。

——摘自人民日报《习近平总书记的扶贫情结》

（2017年2月24日24版）

背景资料：

连家船民：即疍民，早期文献也称他们为游艇子、白水郎、蜒等，也有媒体称其为"江上吉普赛人"。传统上他们终生漂泊于水上，以船为家，中国的民族识别视其为汉族一部分，但其又有许多独特的习俗，是个相对独立的族群。

历史上，连家船民生活极为艰辛，生活条件恶劣，收入低微，难于接受系统的文化教育，游离于海边、岛屿，似乎与世隔绝，甚至在部分地区深受歧视。连家船民主要分布在福建、广东、广西、海南四省区，其他沿海省份也有少部分。

连家船长度多为5～6米，宽约3米，首尾翘尖，中间平阔，并有竹篷遮蔽船舱为居所。连家船是疍民工作和生活的空间，生产劳动在船头的甲板，船舱则是家庭卧室和仓库，而从事水上运输的疍民会将船舱同时作为客舱或货舱，船上没有厕所，船尾遮蔽处就是卫生方便的场所。有时疍民还在船尾饲养家禽。

习近平：提高脱贫质量聚焦深贫地区
扎扎实实把脱贫攻坚战推向前进

来源：人民网－人民日报

习近平强调，打好脱贫攻坚战是党的十九大提出的三大攻坚战之一，对如期全面建成小康社会、实现我们党第一个百年奋斗目标具有十分重要的意义。要清醒认识把握打赢脱贫攻坚战面临任务的艰巨性，清醒认识把握实践中存在的突出问题和解决这些问题的紧迫性，不放松、不停顿、不懈怠，提高脱贫质量，聚焦深贫地区，扎扎实实把脱贫攻坚战推向前进。

中共中央政治局常委、国务院副总理汪洋出席座谈会。

习近平是在四川考察期间召开这次座谈会的。座谈会上，四川省委书记王东明、广西壮族自治区党委书记彭清华、贵州省委书记孙志刚、云南省委书记陈豪、西藏自治区党委书记吴英杰、甘肃省委书记林铎、青海省委书记王国生、宁夏回族自治区党委书记石泰峰、新疆维吾尔自治区党委书记陈全国参加并提供书面发言；西藏昌都市委书记阿布、新疆喀什地委书记李宁平、云南昭通市镇雄县委书记翟玉龙、青海黄南州河南县县委书记韩华、广西崇左市龙州县金龙镇党委书记黎峰、贵州黔南州福泉市仙桥乡党委书记杨时江、四川广元市苍溪县白驿镇岫云村党支部书记李君、甘肃天水市清水县土门镇梁山村党支部书记冯小明，公安部办公厅秘书处主任科员、贵州黔西南州兴仁县新龙场镇民裕村第一书记程显臣，福建福州市闽侯县副县长、宁夏固原市隆德县委常委、副县长樊学双发言。他们从不同角度和层面介绍脱贫攻坚情况，交流工作体会，提出打好脱贫攻坚战的意见和建议。习近平不时同他们讨论有关问题。

在听取大家发言后，习近平发表了重要讲话。他指出，党的十八大以来，党中央从全面建成小康社会要求出发，把扶贫开发工作纳入"五位一体"总体布局、"四个全面"战略布局，作为实现第一个百年奋斗目标的重点任务，作出一系列重大部署和安排，全面打响脱贫攻坚战。脱贫攻坚力度之大、规模之广、影响之深，前所未有，取得了决定性进展。

习近平强调，我们加强党对脱贫攻坚工作的全面领导，建立各负其责、各司其职的责任体系，精准识别、精准脱贫的工作体系，上下联动、统一协调的政策体系，保障资金、强化人力的投入体系，因地制宜、因村因户因人施策的帮扶体系，广泛参与、合力攻坚的社会动员体系，多渠道全方位的监督体系和最严格的考核评估体系，形成了中国特色脱贫攻坚制度体系，为脱贫攻坚提供了有力制度保障，为全球减贫事业贡献了中国智慧、中国方案。

习近平指出，在脱贫攻坚伟大实践中，我们积累了许多宝贵经验。一是坚持党的领导、强化组织保证，落实脱贫攻坚一把手负责制，省市县乡村五级书记一起抓，为脱贫攻坚提供坚强政治保证。二是坚持精准方略、提高脱贫实效，解决好扶持谁、谁来扶、怎么扶、如何退问题，扶贫扶到点上扶到根上。三是坚持加大投入、强化资金支持，发挥政府投入主体和主导作用，吸引社会资金广泛参与脱贫攻坚。四是坚持社会动员、凝聚各方力量，充分发挥政府和社会两方面力量作用，形成全社会广泛参与脱贫攻坚格局。五是坚持从严要求、促进真抓实干，把全面从严治党要求贯穿脱贫攻坚工作全过程和各环节，确保帮扶工作扎实、脱贫结果真实，使脱贫攻坚成效经得起实践和历史检验。六是坚持群众主体、激发内生动力，充分调动贫困群众积极性、主动性、创造性，用人民群众的内生动力支撑脱贫攻坚。这些经验弥足珍贵，要长期坚持并不断完善和发展。

习近平强调，脱贫攻坚面临的困难挑战依然巨大，需要解决的突出问题依然不少。今后 3 年要实现脱贫 3 000 多万人，压力不小，难度不小，而且越往后遇到的越是难啃的硬骨头。脱贫攻坚工作中的形式主义、官僚主义、弄虚作假、急躁和厌战情绪以及消极腐败现象仍然存在，有的还很严重。行百里者半九十，必须再接再厉，发扬连续作战作风，做好应对和战胜各种困难挑战的准备。

习近平指出，全面打好脱贫攻坚战，要按照党中央统一部署，把提高脱贫质量放在首位，聚焦深度贫困地区，扎实推进各项工作。为此，他提出 8 条要求。

第一，加强组织领导。各级党政干部特别是一把手必须以高度的历史使命感亲力亲为抓脱贫攻坚。贫困县党委和政府对脱贫攻坚负主体责任，一把手是第一责任人，要把主要精力用在脱贫攻坚上。中央有关部门要研究制定脱贫攻坚战行动计划，明确 3 年攻坚战的时间表和路线图，为打好脱贫攻坚战提供导向。

第二，坚持目标标准。确保到 2020 年现行标准下农村贫困人口全部脱贫，消除绝对贫困；确保贫困县全部摘帽，解决区域性整体贫困；稳定实现贫困人口"两不愁、三保障"，贫困地区基本公共服务领域主要指标接近全国平均水平。既不能降低标准、影响质量，也不要调高标准、吊高胃口。

第三，强化体制机制。落实好中央统筹、省负总责、市县抓落实的管理体制。中央统筹，就是要做好顶层设计，在政策、资金等方面为地方创造条件，加强脱贫效果监管；省负总责，就是要做到承上启下，把党中央大政方针转化为实施方案，促进工作落地；市县抓落实，就是要从当地实际出发，推动脱贫攻坚各项政策措施落地生根。要改进考核评估机制，根据脱贫攻坚进展情况不断完善。

第四，牢牢把握精准。建档立卡要继续完善，精准施策要深入推进，扎实做好产业扶贫、易地扶贫搬迁、就业扶贫、危房改造、教育扶贫、健康扶贫、生态扶贫等重点工作。

第五，完善资金管理。强化监管，做到阳光扶贫、廉洁扶贫。要增加投入，确保扶贫投入同脱贫攻坚目标任务相适应；要加强资金整合，防止资金闲置和损失浪费；要健全公告公示制度，省、市、县扶贫资金分配结果一律公开，乡、村两级扶贫项目安排和资金使用情况一律公告公示，接受群众和社会监督。对脱贫领域腐败问题，发现一起严肃查处问责一起，绝不姑息迁就。

第六，加强作风建设。党中央已经明确，将2018年作为脱贫攻坚作风建设年。要坚持问题导向，集中力量解决脱贫领域"四个意识"不强、责任落实不到位、工作措施不精准、资金管理使用不规范、工作作风不扎实、考核评估不严格等突出问题。要加强制度建设，扎紧制度笼子。

第七，组织干部轮训。打好脱贫攻坚战，关键在人，在人的观念、能力、干劲。要突出抓好各级扶贫干部学习培训，对县级以上领导干部，重点是提高思想认识，引导树立正确政绩观，掌握精准脱贫方法论，培养研究攻坚问题、解决攻坚难题能力；对基层干部，重点是提高实际能力，培育懂扶贫、会帮扶、作风硬的扶贫干部队伍。要吸引各类人才参与脱贫攻坚和农村发展。要关心爱护基层一线扶贫干部，激励他们为打好脱贫攻坚战努力工作。

第八，注重激发内生动力。贫困群众既是脱贫攻坚的对象，更是脱贫致富的主体。要加强扶贫同扶志、扶智相结合，激发贫困群众积极性和主动性，激励和引导他们靠自己的努力改变命运。改进帮扶方式，提倡多劳多得，营造勤劳致富、光荣脱贫氛围。

习近平强调，打赢脱贫攻坚战，中华民族千百年来存在的绝对贫困问题，将在我们这一代人的手里历史性地得到解决。这是我们人生之大幸。让我们共同努力，一起来完成这项对中华民族、对整个人类都具有重大意义的伟业。只要全党全国各族人民齐心协力、顽强奋斗，脱贫攻坚战一定能够打好打赢。

《人民日报》（2018 年 02 月 15 日 01 版）

习近平：真抓实干埋头苦干万众一心
夺取脱贫攻坚战全面胜利

习近平对脱贫攻坚工作作出重要指示强调
真抓实干埋头苦干万众一心　夺取脱贫攻坚战全面胜利
李克强作出批示

来源：人民网－人民日报

中共中央总书记、国家主席、中央军委主席习近平近日对脱贫攻坚工作作出重要指示强调，脱贫攻坚时间紧、任务重，必须真抓实干、埋头苦干。各级党委和政府要以更加昂扬的精神状态、更加扎实的工作作风，团结带领广大干部群众坚定信心、顽强奋斗，万众一心夺取脱贫攻坚战全面胜利。

习近平指出，打赢脱贫攻坚战，对全面建成小康社会、实现"两个一百年"奋斗目标具有十分重要的意义。行百里者半九十，各级党委和政府要把打赢脱贫攻坚战作为重大政治任务，强化中央统筹、省负总责、市县抓落实的管理体制，强化党政一把手负总责的领导责任制，明确责任、尽锐出战、狠抓实效。要坚持党中央确定的脱贫攻坚目标和扶贫标准，贯彻精准扶贫精准脱贫基本方略，既不急躁蛮干，也不消极拖延，既不降低标准，也不吊高胃口，确保焦点不散、靶心不变。要聚焦深度贫困地区和特殊贫困群体，确保不漏一村、不落一人。要深化东西部扶贫协作和党政机关定点扶贫，调动社会各界参与脱贫攻坚积极性，实现政府、市场、社会互动和行业扶贫、专项扶贫、社会扶贫联动。

中共中央政治局常委、国务院总理李克强作出批示指出，实现精准脱贫是全面建成小康社会必须打赢的攻坚战，是促进区域协调发展的重要抓手。各地区、各部门要全面贯彻党的十九大精神，以习近平新时代中国特色社会主义思想为指导，认真落实党中央、国务院关于打赢脱贫攻坚战三年行动的决策部署，进一步增强责任感紧迫感，坚持精准扶贫、精准脱贫基本方略，聚焦深度贫困地区和特殊贫困群体，细化实化政策措施，落实到村、到户、到人，加强项目资金管理，压实责任，严格考核，凝聚起更大力量，真抓实干，确保一年一个新进展。要注重精准扶贫与经济社会发展相互促进，注重脱贫攻坚与实施乡村振兴战略相互衔接，注重外部帮扶与激发内生动力有机结合，推动实现贫困群众稳定脱贫、逐步致富，确保三年如期完成脱贫攻坚目标任务。

打赢脱贫攻坚战三年行动电视电话会议11日上午在京举行。中共中央政治局委员、国务院扶贫开发领导小组组长胡春华出席会议并讲话。他强调，各地区、各有关部门要深入学习贯彻习近平总书记关于脱贫攻坚的重要指示精神，落实李克强总理批示要求，按照党中央、国务院决策部署，旗帜鲜明地把抓落实、促攻坚工作导向树立起来，坚持目标标准，贯彻精准方略，压实攻坚责任，打造过硬的攻坚队伍，完善督战机制，加强作风建设，扎扎实实地把各项攻坚举措落到实处，坚决打赢脱贫攻坚战。

会议传达了习近平重要指示和李克强批示，安排部署今后三年脱贫攻坚工作，有关省区负责同志在会上发言。

国务院扶贫开发领导小组成员、中央和国家机关有关部门负责同志、省部级干部"学习贯彻习近平新时代中国特色社会主义思想，坚决打好精准脱贫攻坚战"专题研讨班学员参加会议。各省、自治区、直辖市和新疆生产建设兵团，中央党校（国家行政学院）设分会场。

《人民日报》（2018年06月12日01版）

图书在版编目（CIP）数据

精准扶贫政策解读 / 高健龙，高建伟编著. —北京：中国农业出版社，2019.6
ISBN 978-7-109-25432-9

Ⅰ.①精…　Ⅱ.①高…②高…　Ⅲ.①农村–扶贫–经济政策–研究–中国　Ⅳ.①F323.8

中国版本图书馆CIP数据核字（2019）第073776号

中国农业出版社出版
（北京市朝阳区麦子店街18号楼）
（邮政编码 100125）
责任编辑　边　疆　赵　刚

中农印务有限公司印刷　新华书店北京发行所发行
2019年6月第1版　2019年6月北京第1次印刷

开本：880mm×1230mm　1/32　印张：6.75
字数：180千字
定价：28.00元
（凡本版图书出现印刷、装订错误，请向出版社发行部调换）